HEYNE BÜCHER

HEYNE KOCHBÜCHER

Lisa Mar/E. Micklinghoff
Dr. med. B. Micklinghoff-Malten
Prof. Dr. med. H. O. Kleine

Schlemmereien für Diabetiker

350 abwechslungsreiche, pikante und süße Gerichte

WILHELM HEYNE VERLAG
MÜNCHEN

HEYNE KOCHBUCH
07/4605

12. Auflage
(1. Auflage der völlig überarbeiteten Neuausgabe 1990;
früher lieferbar unter der Nr. 07/4116)

Titel der Originalausgaben:
Micklinghoff-Malten: »Neuzeitliche Diät für Zuckerkranke«
Mar-Kleine: »Süße Gerichte für Zuckerkranke«
Genehmigte, von Gabriele Guggenberger überarbeitete
und aktualisierte Taschenbuchausgabe
Printed in Germany 1990
Umschlaggestaltung: Atelier Ingrid Schütz, München
Umschlagfoto: Atelier Christian Teubner, Füssen
Satz: Schaber, Wels
Druck und Bindung: Ebner Ulm

ISBN 3-453-04042-2

INHALT

REZEPTTEIL

Abkürzungen und Erläuterungen:

EL = Eßlöffel
TL = Teelöffel
Msp = Messerspitze
l = Liter
g = Gramm
1 Tasse = ⅛ l, also 1 normale Teetasse

Wo nicht anders angegeben, sind die Rezepte für 1 Person berechnet.

Einleitung

Wenn Sie an Diabetes (Zuckerkrankheit) leiden, sind Sie einer von mehr als 2 Millionen Menschen, die allein in der Bundesrepublik Deutschland davon betroffen sind. Und die Zahl derer, die damit leben müssen, steigt ständig!

Was ist eigentlich Diabetes?

Es handelt sich beim *Diabetes mellitus* um eine chronische Stoffwechselerkrankung, bei der infolge Insulinmangels der Blutzuckerspiegel erhöht ist.
Auch beim Gesunden führt jede Kohlenhydrataufnahme mit der Nahrung, z.B. mit Brot, Reis, Nudeln, Zucker, Haferflocken usw. zur Erhöhung des Blutzuckerspiegels. Diese Kohlenhydrate werden nämlich im Darm in ihre Einfachbausteine — der wichtigste davon ist Traubenzucker (Glucose) — aufgespalten. Der Traubenzucker gelangt ins Blut (Blutzucker) und damit als Energielieferant zu allen Körperzellen. Die Höhe des Blutzuckerspiegels wird durch das Hormon Insulin, das in der Bauchspeicheldrüse (Pankreas) gebildet wird, reguliert. Das Insulin bewirkt den Abtransport des Zuckers in die Körperzellen und senkt damit den Blutzuckerspiegel. Er steigt so beim gesunden Menschen niemals über 120 mg/100 ml Blut.
Beim Diabetiker besteht aber ein Insulinmangel, so daß diese Regulierung nicht funktioniert. Der erhöhte Blutzuckerspiegel kann nicht oder nur unzureichend gesenkt werden. Steigt der Zuckerspiegel über 180 mg/100 ml

Blut (Nierenschwelle) an, wird Zucker mit dem Urin ausgeschieden. Durch einen einfachen Urintest mit Teststreifen aus der Apotheke kann die Zuckerkrankheit nachgewiesen werden.
Die Zuckerkonzentration im Urin bedingt häufiges Wasserlassen und das wiederum großen Durst. Beides können erste Anzeichen der Erkrankung sein.
Der Insulinmangel kann absolut oder relativ sein. So unterscheidet man den Typ-I-Diabetiker (früher: Jugenddiabetiker), der gar kein Insulin produziert (absoluter Insulinmangel) und dieses mit Spritzen zuführen muß. Der Typ-II-Diabetiker (früher: Erwachsenendiabetiker) verfügt zwar noch über eigene, allerdings unzureichende Insulinvorräte (relativer Insulinmangel). Dieser Diabetikertyp ist fast immer übergewichtig; bei Übergewicht ist zudem häufig die Insulinwirksamkeit durch eine mangelnde Zahl an Hormonrezeptoren an der Zelloberfläche herabgesetzt. Zunehmendes Übergewicht verschlechtert infolgedessen die Stoffwechsellage des Zuckerkranken. Eine Gewichtsreduktion führt fast immer zu einer besseren Wirksamkeit des Eigeninsulins und damit zur Verbesserung des Gesundheitszustandes.
Das Anstreben des Normalgewichts sollte für den übergewichtigen Diabetiker also oberstes Ziel sein!

Die Diabetesdiät

Diät — das klingt nach Hunger, Verzicht, nach fade schmeckender Einheitskost. Das muß aber keinesfalls so sein. Die Diabetesdiät ist eine abwechslungsreiche, wohlschmeckende, auch für die ganze Familie geeignete und gesunde Kost! Auch der Nicht-Diabetiker sollte sich ja kaloriengerecht und vollwertig ernähren, Zuckerreiches und Fettes meiden. Die Deutsche Gesellschaft für Ernährung (DGE) faßt die ungünstigen Essensgewohnheiten des Bundesbürgers so zusammen: »Zu viel, zu fett, zu süß, zu salzig.«
Eine ausgewogene Diät enthält reichlich Gemüse, Obst, Milch- und Vollkornprodukte, dafür wenig fette Fleisch- und Wurstwaren. Sie ist dadurch vitamin- und mineralstoffreich sowie reich an Ballaststoffen. Letztere sind kein Ballast für den Körper, sondern unverdauliche Pflanzenfaserstoffe, die für gute Sättigung und Verdauung sorgen und die Glucoseaufnahme aus dem Darm ins Blut verzögern. Das bewirkt einen geringeren und verzögerten Blutzuckeranstieg, ein sehr günstiger Effekt also.

Im folgenden sollten die einzelnen Nährstoffe kurz besprochen werden:

Kohlenhydrate nehmen wir als Einfachzucker (z. B. Traubenzucker), Zweifachzucker (z. B. Rohr- bzw. Rübenzukker = üblicher Haushaltszucker) oder Vielfachzucker (z. B. Stärke, Cellulose) auf. Einfachzucker und Zweifachzucker gehen schnell ins Blut über, erhöhen den Zuckerspiegel stark und müssen daher strikt gemieden werden, ebenso zuckerreiche Produkte wie Honig, Marmelade, mit Zucker bereitete Süßwaren, Rosinen, Trockenfrüchte etc.

Die langkettigen Vielfachzucker müssen dagegen erst im Darm enzymatisch aufgespalten werden. Die Aufnahme ins Blut erfolgt daher langsamer. Reine Stärkeprodukte (Weißmehlprodukte) verhalten sich dabei wieder ungünstiger als Vollkornprodukte; die Bedeutung der enthaltenen Ballaststoffe wurde bereits betont.

Die Kohlenhydratmenge, die ein Diabetiker zu sich nehmen darf, wird üblicherweise in BE (Broteinheit, Berechnungseinheit; 1 BE ≙ 12 g Kohlenhydrate) berechnet. Diese BE-Berechnung wird allerdings in den letzten Jahren zunehmend kritisiert, da man nicht ein Kohlenhydrat mit dem anderen gleichsetzen kann. So erhöhen 12 g Kohlenhydrate aus Weißbrot den Blutzuckerspiegel wesentlich drastischer als 12 g Kohlenhydrate, enthalten in Frischkornmüsli. Ein Müslifrühstück, bestehend aus Getreideschrot, Apfel und Joghurt läßt den Zuckerspiegel aufgrund der verzögerten Kohlenhydratresorption bei hohem Ballaststoffgehalt nicht über Normalwerte steigen.

Das bedeutet für den Diabetiker eine wesentliche Änderung der alten Diätpläne. Wurde früher eine eiweißreiche, kohlenhydratarme Kost gefordert, unterscheiden sich heutige Diätempfehlungen nicht mehr wesentlich von den Empfehlungen der Vollwerternährung: eine kohlenhydratbetonte Kost, die Vollkornprodukte, Obst, Gemüse insbesondere als Rohkost bevorzugt und mit Fett und tierischem Eiweiß sparsam umgeht.

Noch ein Wort zu den **Süßungsmitteln:**

Erlaubt sind die Zuckeraustauschstoffe Fruchtzucker (Fructose), Sorbit und Xylit, die allerdings die gleiche

Energiemenge enthalten wie der verbotene Rübenzukker und anzurechnen sind, sowie die Süßstoffe. Neben Saccharin und Cyclamat ist seit einiger Zeit auch Aspartame auf dem Markt, ein Süßstoff, bestehend aus Eiweißbausteinen (er darf bei der sehr seltenen Stoffwechselkrankheit Phenylketonurie nicht verwendet werden).
Der Genuß von Zuckeraustauschstoffen kann bei absolutem Insulinmangel jedoch zu nicht unerheblichem Blutzuckeranstieg führen. Der Verzehr insbesondere von Sorbit und Xylit kann außerdem zu Durchfällen und Blähungen führen, abhängig von der verzehrten Menge und der Empfindlichkeit der Person. Es wird deshalb angeraten, nicht mehr als 40—50 g Zuckeraustauschstoff pro Tag zu sich zu nehmen.
Eine zuckerarme, also wenig süße Kost, entspricht den Empfehlungen der Vollwerternährung und ist auch für den Gesunden ratsam.

Fett liefert mehr als die doppelte Energiemenge (9,3 kcal/g ≙ 38 kJ/g) als Kohlenhydrate oder Eiweiß (jeweils 4,1 kcal/g ≙ 17 kJ/g). Eine sparsame Verwendung ist daher insbesondere für den übergewichtigen Typ-II-Diabetiker ratsam. Mehr als 1 g/kg Körpergewicht täglich sollten nicht verzehrt werden, das entspricht etwa 60—80 g am Tag. Zum Vergleich: Der bundesdeutsche Durchschnittsverzehr an Fett pro Tag liegt bei 140 g!
Man unterscheidet *sichtbare und versteckte Fette.*
Zu den *sichtbaren Fetten* gehören die Streich- und Kochfette Butter, Schmalz, Margarine und Öl. Fettsparende Garverfahren wie das Dünsten, Dämpfen, Grillen, Garen in Folie oder der Mikrowelle sind dem Braten und Fritieren vorzuziehen. Zum fettarmen Braten eignen sich beschichtete Pfannen und gutes Edelstahlgeschirr. Nicht zuletzt kann Zurückhaltung beim Bestreichen von Broten viele Kalorien sparen helfen. Zur Verdeutlichung folgen-

des Beispiel: Eine Hotelportion Butter wiegt 20 g, das entspricht in etwa einem Drittel der empfohlenen täglichen Fettmenge!
Welche Fettarten sollen verwendet werden? Vorzuziehen sind Butter, hochwertige Margarinesorten (ungehärtet), linolsäurereiche Öle (z. B. Sonnenblumen- oder Maiskeimöl), für Rohsalate möglichst kaltgepreßt.
Versteckte Fette sind in sehr vielen Lebensmitteln enthalten. Insbesondere bei Fleisch und Wurstwaren sowie bei Milchprodukten ist auf den Fettgehalt zu achten; fettärmeren Sorten ist hier der Vorzug zu geben. So gibt es z. B. fettreduzierte Wurstwaren von Pute und Rind, außerdem Käse, Quark, Joghurt in Mager- und Halbfettstufe.
Fettreich sind auch Eier, Nüsse, Süßwaren (auch wenn es sich z. B. um Diätschokolade handelt; die Bezeichnung »Diät« bezieht sich auf den verwendeten Zucker und nicht auf die enthaltene Energiemenge), einige Fische, z. B. Hering, Makrele, Aal sowie Mayonnaise und viele Fertiggerichte.

Um sich einen Überblick zu verschaffen, ist die Verwendung einer Nährwerttabelle zweckmäßig.

Eiweiß nehmen wir reichlich auf durch Fleisch, Wurst, Milch und ihre Produkte, Eier und Fisch. Eine Eiweiß-Luxus-Kost, wie sie derzeit praktiziert wird, sollte aber vermieden werden, da die genannten Eiweißlieferanten häufig fett- und purinreich sind und damit zu Übergewicht und erhöhten Harnsäurewerten führen können (Ausnahme: Milch und Milchprodukte sind purinfrei).
Gut geeignet, um den Eiweißbedarf zu decken, sind Milch und Milchprodukte, Kartoffeln, Getreide, Hülsenfrüchte und Nüsse (zu beachten ist bei letzteren der hohe Fettgehalt). Gegen einen mäßigen Genuß von Fleisch, Wurst und Eiern ist nichts einzuwenden. Seefisch ist auf-

grund seines hohen Jodgehalts, bei dessen Mangel es zur Kropfbildung kommt, wertvoll.

Die notwendigen **Vitamine und Mineralstoffe** liefert der reichliche Verzehr von Obst und Gemüse, insbesondere als Rohkost. Viele Gemüsesorten sind ganz, andere bis zu einer täglichen Verzehrsmenge von 200 g anrechnungsfrei (siehe Kohlenhydrat-Austauschtabelle Seite 18). Gemüse sind zudem kalorienarm, ballaststoff- und vitaminreich, mannigfaltig im Speiseplan einzusetzen und daher für die Diabetesdiät sehr günstig.
Dieses Buch stellt Ihnen deshalb eine Fülle von Rezepten für Salate und Gemüsegerichte zur Verfügung. Obst enthält, abhängig von der Sorte, Traubenzucker und ist deshalb anzurechnen.
Weitere Vitamin- und Mineralstofflieferanten sind Getreide und Getreideprodukte, Kartoffeln, Milch und Milchprodukte, Hülsenfrüchte, Nüsse, Fleisch, Eier und Fisch.

An **Getränken** stehen dem Diabetiker Kaffee, Tee und Mineralwasser ohne Berechnung zur Verfügung, Obstsäfte und Milch müssen angerechnet werden. An alkoholischen Getränken ist Diabetikerbier und Diabetikerwein erlaubt; beide enthalten nur unerhebliche Restzuckermengen. Süßweine, Sekt und Liköre sind verboten. Branntweine und Schnäpse sind kohlenhydratfrei. Alkoholika sollten allerdings, wenn überhaupt, nur mäßig genossen werden, da sie aufgrund ihres hohen Kalorien-(Joule-)gehalts zu Gewichtszunahme und, bei regelmäßigem höheren Genuß, zu Leberschäden führen können. Übergewichtige Diabetiker sollten auf alkoholische Getränke verzichten.

Mehrere kleine Mahlzeiten sind den üblichen drei Hauptmahlzeiten vorzuziehen. Kleinere, über den Tag verteilte

Imbisse lassen den Blutzuckerspiegel geringer ansteigen und sorgen insgesamt für eine bessere Sättigung, da die Zeitspanne zwischen den Mahlzeiten kürzer ist.

Insgesamt stellt die abwechslungsreich zusammengestellte Diabetesdiät die Basis für Wohlbefinden, Leistungsfähigkeit und gute Lebensaussicht jedes Zuckerkranken dar. Tabletten und Spritzen allein reichen nicht aus: Häufig kann bei guter Einstellung durch gesunde Ernährungsweise sogar auf Medikamente verzichtet werden. Die richtige Diät hilft dabei, auch Folgeerkrankungen wie z.B. Spätschäden an Netzhaut, Nieren, Herz und Gehirn aufgrund von arteriosklerotischen Veränderungen zu verhindern.

Nützlich ist auch **regelmäßige körperliche Bewegung,** die sich einerseits günstig auf die Blutzuckerwerte auswirkt und andererseits zusätzlich Kalorien verbraucht, wodurch eine Gewichtsabnahme erleichtert wird.

Zusammenfassung der wichtigsten Regeln

- Dem Energiebedarf angepaßte Ernährung bzw. Gewichtsreduktion bei Übergewicht,
- ballaststoffreiche Kost nach den Regeln der Vollwerternährung, d.h. reichlich Gemüse, insbesondere als Rohkost, Obst, Vollkornprodukte, Milch und Milchprodukte, angepaßt an die jeweilige Stoffwechselsituation des Diabetikers.
- Zuckeraustauschstoffe (anrechnungspflichtig) und Süßstoffe (nicht anrechnungspflichtig) als Süßungsmittel,

- mehrere kleine Mahlzeiten (5—6) über den Tag verteilt,
- regelmäßige körperliche Bewegung.

Sind spezielle Diät-Lebensmittel zweckmäßig?

Da der Diabetiker ständig damit konfrontiert ist, den Kohlenhydrat- bzw. Zuckergehalt aller möglichen Nahrungsmittel zu berücksichtigen, wird er viele der auf dem Markt befindlichen Diät-Lebensmittel dankbar annehmen, die ihm seine Ernährung wesentlich erleichtern.

- **Süßungsmittel:**

Sie wurden bereits auf Seite 10 f. besprochen. Kurz zusammengefaßt: Der haushaltsübliche Zucker ist tabu, als Ersatz stehen Zuckeraustauschstoffe, als Diabetikerzucker bezeichnet (Fructose, Sorbit, Xylit) und Süßstoffe (Saccharin, Cyclamat, Aspartame) zur Verfügung. Zuckeraustauschstoffe sind in BE anzurechnen und enthalten die gleiche Energiemenge wie Zucker, Süßstoffe sind kohlenhydrat- und kalorienfrei und nicht anrechnungspflichtig. Im Rahmen einer Reduktionsdiät sind daher Süßstoffe vorzuziehen.

- **Diät- Marmeladen, -Süßwaren, -Limonaden etc.:**

Diese Produkte sind anstatt mit Zucker mit Diabetikerzucker und/oder Süßstoff gesüßt. Das verwendete Süßungsmittel muß auf dem Etikett bezeichnet sein. Das Angebot ist inzwischen sehr reichhaltig: so gibt es Marmeladen und Limonaden sowie Fruchtsaftgetränke in verschiedenen Geschmacksrichtungen, Süßwaren als Kuchen, Keks, Zwieback, Weichnachtsstollen, Schokolade etc. Wenn auch solche Leckereien das Leben des Diabetikers im wahrsten Sinne des Wortes »versüßen«, so ist doch ein nur mäßiger Verzehr ab und zu zu empfehlen. Das Bedürfnis nach Süßem wird günstiger gestillt durch süße Quark-, Joghurt oder Milchmixzubereitungen; auch hier finden Sie ein großes Angebot an Diät-Milchprodukten im Kühlregal Ihres Lebensmittelhändlers. Derartige kleine Zwischengerichte ebenso wie Müsli, Frischkornbreie oder andere Getreidespeisen sind jedoch auch leicht selbst zuzubereiten.

- **Diabetiker-Mehl und daraus hergestellte Erzeugnisse** (z.B. Brot, Nudeln)

In den Regalen einiger großer Reformhäuser werden derartige Produkte angeboten. Sie sind kohlenhydratreduziert mit relativ hohem Eiweißgehalt. Eine Verwendung ist allerdings für den Zuckerkranken weder notwendig noch zweckmäßig, da diese Produkte nur schwer zu erhalten und zudem teuer sind.
Wesentlich günstiger ist die Verwendung von Vollkornmehl, Vollkornschrot und anderen Vollkornprodukten. Auf die Bedeutung des vollen Korns wurde bereits hingewiesen: neben vielen Vitaminen und Mineralstoffen enthält es reichlich Ballaststoffe, die die Glucoseaufnahme im Darm verzögern und damit einem allzu raschen Blutzuckeranstieg entgegenwirken.
Wenn Sie noch nicht daran gewöhnt sind, mit Vollkornerzeugnissen zu kochen und zu backen, fangen Sie langsam damit an: Ersetzen Sie Reis und Nudeln durch Naturreis und Vollkornnudeln; die Vollkornerzeugnisse sind etwas kerniger im Biß, geschmacklich unterscheiden sie sich nicht wesentlich. Mischen Sie zum Backen anfangs Vollkornmehl und Mehl Type 405 oder verwenden Sie Mehl Type 1050, das erleichtert den »Einstieg«. Wenn

Sie sich einmal an die Verwendung von Vollkornprodukten gewöhnt haben, werden Sie sie bald nicht mehr missen wollen.
Zum frischen Mahlen von Vollkornmehl und -schrot wäre natürlich die Anschaffung einer Haushalts-Getreidemühle wünschenswert. Aber auch Naturkostläden und Reformhäuser mahlen Ihnen Mehl und Schrot frisch. Ansonsten erhalten Sie beides frisch gemahlen in den Regalen gut sortierter Supermärkte.

Kohlenhydrat-(BE)-Austauschtabelle mit Kalorienangabe für Diabetiker

Die richtige Zusammenstellung der Mahlzeiten ist eine der wichtigsten Voraussetzungen bei der Behandlung des *Diabetes mellitus.* Durch eine sorgfältige Berechnung, Verteilung und Kombination der Kohlenhydrate kann ein ausgeglichener Blutzucker auf niedrigerem Niveau erreicht werden. Die vorliegende Tabelle soll Ihnen dabei helfen, die Mahlzeiten korrekt und abwechslungsreich zu gestalten.

Die angegebenen Mengen der Nahrungsmittel in Gramm und Kalorien entsprechen jeweils *1 Broteinheit (BE). 1 BE = 12 Gramm Kohlenhydrate (KH).* Wenn Sie den Energiegehalt von Nahrungsmitteln in Joule berechnen, müssen Sie den Kaloriengehalt mit 4 multiplizieren (genau 4,184) — 1 Kilokalorie entspricht im Sprachgebrauch 1 Kalorie, 1 Kilojoule entspricht im Sprachgebrauch 1 Joule.

Um hohe Blutzuckerwerte zu vermeiden, müssen die verordneten Kohlenhydrate oder BE auf mehrere kleine Mahlzeiten über den Tag verteilt werden. Vermeiden Sie Verschiebungen von KH oder BE von einer Mahlzeit zur anderen, der Blutzucker wird dadurch ungünstig beeinflußt.

Bevorzugen Sie eine ballaststoffreiche Kost.

Finden Sie Nährwertangaben auf Verpackungen von Herstellern, so sind sie den Werten aus dieser Tabelle vorzuziehen. Auf diätetischen Lebensmitteln für Diabetiker sind diese Angaben meist vorhanden.

Die angegebenen Mengen in Gramm entsprechen einer Broteinheit (BE), also 12 g KH.

Brot und Korn	Gramm	Kalorien
Brötchen/Semmeln	25	68
Grahambrot	25	62
Knäckebrot	15	57
Kommißbrot	25	64
Leinsamenbrot	25	70
Pumpernickel	25	62
Roggenschrotbrot	25	60
Roggenvollkornbrot	25	60
Schlüterbrot	20	57
Simonsbrot	25	62
Steinmetzbrot	25	64
Toastbrot	25	67
Weißbrot	25	65
Weizenmischbrot	25	63
Weizenvollkornbrot	25	60
Zwieback	15	60
Gerstengraupen	15	56
Grünkern	15	55
Haferflocken	20	81
Hirse	15	57
Reis (Gargewicht 45 g)	15	55
Leinsamen — Tagesportion 30 g		153
Weizenkleie — Tagesportion 20 g		38
Weizen, Roggen	15	55

Grieß, Mehl, Stärke	Gramm	Kalorien
Buchweizengrütze	15	54
Buchweizenvollmehl	20	72
Gerstengrütze	15	55
Grünkernmehl	15	57
Hafergrütze	20	80
Hafermehl	20	82
Kakaopulver, schwach entölt	30	141
Kartoffelstärke	15	53
Maismehl	15	56
Maisstärke	15	55
Paniermehl	15	53
Reisstärke	15	54
Roggenmehl Type 815	15	54
Sago/Tapioka	15	55
Sojamehl, vollfett	45	211
Schokopuddingpulver	15	48
Vanillepuddingpulver	15	52
Weizengrieß	15	56
Weizenmehl Type 405	15	55
Weizenstärke	15	55
Weizenvollkornmehl	15	55

Kartoffeln und Teigwaren	Gramm	Kalorien
Kartoffeln	65	56
Kartoffelflocken	15	55
Kartoffelpüree	100	73
Knödel	50	53
Knödelmehl	15	53
Kartoffelchips	25	146
Pommes frites	35	88
Bierhefe, getrocknet	30	103
Blätterteig, roh	35	131
Hefeteig, roh	25	68

	Gramm	Kalorien
Kräcker	15	68
Nudeln — Gargewicht 45 g	15	55
Salzstangen, -brezel	15	55

Milch und Milchprodukte	Gramm	Kalorien
Vorzugsmilch, 4 % Fett	250	170
Vollmilch, 3,5 % Fett	250	166
Fettarme Milch, 1,5 % Fett	250	120
Magermilch, 0,3 % Fett	250	88
Buttermilch	300	108
Dickmilch, 3,5 % Fett	250	166
Dickmilch, 1,5 % Fett	250	120
Joghurt, 3,5 % Fett	250	175
Joghurt, 1,5 % Fett	250	127
Joghurt, 0,3 % Fett	250	98
Kefir, 3,5 % Fett	250	166
Kefir, 1,5 % Fett	250	120
Kondensmilch, 10 % Fett	100	181
Kondensmilch, 7,5 % Fett	120	164
Kondensmilch, 4 % Fett	110	120
Quark, 20 % Fett	400	448

Nüsse (ohne Schalen)	Gramm	Kalorien
Cashewnüsse	40	242
Edelkastanien/Maronen	30	63
Erdnüsse	70	442
Haselnüsse	90	624
Kokosnuß	120	480
Mandeln	80	521
Mohn	60	321
Paranüsse	160	1143
Pistazien	70	449
Walnüsse	80	564

Obst	Gramm	Kalorien
Acerolakirsche mit Stein	160	51
Ananas	90	50
Apfel	100	55
Apfelsine ohne Schale	100	54
Aprikosen ohne Stein	100	54
Banane ohne Schale	50	50
Birne	90	50
Blaubeeren, Heidelbeeren	90	56
Brombeeren	140	68
Erdbeeren	160	59
Feigen, frisch	80	58
Granatäpfel, mit Schale und Kern	200	53
Grapefruit, Pampelmuse	130	54
Guayave	110	59
Himbeeren	150	60
Holunderbeeren	130	60
Honigmelone ohne Schale	100	52
Johannisbeeren, rot	120	54
Johannisbeeren, schwarz	90	57
Kaki	80	55
Kirschen mit Stein, sauer	100	54
Kirschen mit Stein, süß	90	54
Kiwi	110	61
Litschi	80	56
Mandarinen ohne Schale	110	53
Mango	80	55
Mirabellen mit Stein	90	53
Nektarinen	100	50
Opuntje/Kaktusfrucht	90	54
Papaya	120	53
Passionsfrucht	60	63
Pfirsich mit Stein	120	51
Pflaumen mit Stein	90	50
Preiselbeeren	120	55

	Gramm	Kalorien
Quitte	80	55
Reineclauden mit Stein	80	51
Sanddornbeeren	150	155
Stachelbeeren	140	55
Wassermelone ohne Schale	250	58
Zitrone ohne Schale	170	47

Natursäfte ohne Zusatz	Gramm	Kalorien
Apfelsaft	100	47
Grapefruitsaft	120	54
Karottensaft	200	55
Orangensaft	110	53
Rote-Bete-Saft	130	55
Tomatensaft	300	62

Zuckeraustauschstoffe	Gramm	Kalorien
Fruchtzucker	12	48
Sorbit	12	48
Diabetiker-Konfitüre	25	50
Diabetiker-Konfitüre mit Süßstoff	40	50

Gemüse	Gramm	Kalorien
Diese Gemüse sind reich an Kohlenhydraten. Eine volle BE-Anrechnung ist erforderlich.		
Artischockenböden	100	61
Dicke Bohnen aus Dosen	90	70
Weiße Bohnen aus Dosen	50	70
Erbsen	100	87
Mais(-korn)	60	64
Mais am Kolben	170	64

	Gramm	Kalorien
Pastinaken	80	55
Schwarzwurzeln	70	52
Getrocknete Bohnen	20	70
Getrocknete Erbsen	20	73
Kichererbsen	20	74
Linsen	20	71
Sojabohnen	45	200

Gemüse und Salate

Die folgenden Gemüse und Salate brauchen wegen ihres niedrigen Kohlenhydratgehaltes, in üblichen Portionen bis zu 200 g geputzt, nicht angerechnet zu werden.

Auberginen
Bambussprossen
Bleichsellerie
Blumenkohl
Bohnenkeimlinge
Grüne Bohnen (Schnittbohnen)
Broccoli
Butterpilze
Champignons
Chicorée
Chinakohl
Eisbergsalat
Endiviensalat
Feldsalat
Fenchelknollen
Gurken
Grünkohl
Kohlrabi
Kohlrüben
Kopfsalat
Kürbis
Lauch, Porree
Mangold
Palmito
Meerrettich
Möhren, Karotten
Paprikaschoten
Pfifferlinge
Radicchio
Radieschen
Rettich
Rhabarber
Rosenkohl

Rote Bete	Steinpilze
Rotkohl	Tomaten
Sauerkraut	Weißkohl
Sellerieknollen	Wirsing
Spargel	Zucchini
Spinat	Zwiebeln
Steckrüben	

Avocados }
Oliven } Achtung hoher Fettgehalt!

(Tabelle: NORDISK DEUTSCHLAND GmbH, Eching)

Kleines Lexikon der Zutaten

Agar-Agar: Aus ostasiatischen Rotalgen gewonnener Pflanzenstoff mit hoher Gelierkraft, die schon beim Abkühlen einsetzt. Agar-Agar, auch Ceylontang genannt, muß nicht bis zum Siedepunkt erhitzt werden und ist daher zum vitaminschonenden Andicken von Fruchtsülzen und Marmeladen besonders geeignet. Auf ¼ l Flüssigkeit rechnet man 4 g Agar-Agar. Es ist im übrigen nicht anrechnungspflichtig.

Cerola: Vitaminreicher Fruchtsaft ohne Zuckerzusatz, gewonnen aus der Acerola- oder Ahornkirsche aus Westindien mit dem höchsten Gehalt an Vitamin C aller bekannten Früchte.

Gemüsebrühe: Aus verschiedenen Gemüsen, Meersalz, Pflanzenöl, Natriumglutamat und Hefeextrakt hergestellte Trinkbrühe in Würfeln oder als Instantpulver. Sehr gut zum Würzen und Abrunden aller pikanten Speisen verwendbar. ¼ l Brühe als Zwischenmahlzeit enthält nur 16 kcal!

Haselnußmus: In bester Qualität im Reformhaus zu kaufen.

Hefebrühe: Wohlschmeckende gekörnte Brühe, die aus Bierhefeextrakt, Pflanzenöl, Gewürzen und Petersilie hergestellt wird. Eignet sich auch gut zum Abschmecken und Abrunden von Gerichten. Auch dort verwendbar, wo von »Hefewürze« die Rede ist.

Hefeextrakt: Vitamin- und eiweißhaltige Paste, die als Würze für Suppen, Saucen, Salate, Eintopfgerichte, Fleisch-, Fisch- und Eierspeisen sowie als Brotaufstrich verwendet werden kann. Besonders reich an Vitaminen des B-Komplexes. Enthält zwar pro 100 g ca. 2½ BE, wird aber nur in kleinen Mengen verwendet.

Hirseflocken: Nach Professor Kollath aus dem Hirsekorn gewonnene Getreideflocken, die besonders reich an Eiweiß, Kieselsäure und anderen Spurenelementen sind. Fördern den Haarwuchs!

Linusit: Leinsamen-Spezialzucht, bei der die Samen nach einem patentierten Verfahren gequetscht und dadurch besonders aufgeschlossen werden. Wegen seiner Quellfähigkeit gut geeignet zum Bestreuen von Tortenböden bei Verwendung von saftziehendem Obst anstelle von Flocken oder Bröseln.

Sanddorn-Vollfrucht: Ein Konzentrat der ganzen Früchte des wildwachsenden Sanddornstrauches. Außer einem hohen Vitamin-C-Gehalt günstig bei arteriosklerotischen Gefäßerkrankungen. Möglichst immer die ungesüßte Version verwenden!

Topinambur: Hellbraune Knolle von angenehm nußartigem Geschmack, auch als Erdartischoke oder Jerusalemer Artischocke bekannt. Für Diabetiker anstelle von Kartoffeln besonders geeignet, da sie anstatt Stärke das Kohlenhydrat Inulin (hochpolymerisierter Fruchtzucker) enthält. Sie wird vor der Zubereitung geschält.

Alle Zutaten finden Sie in Reformhäusern und Naturkostläden; einiges auch in Apotheken.

REZEPTTEIL

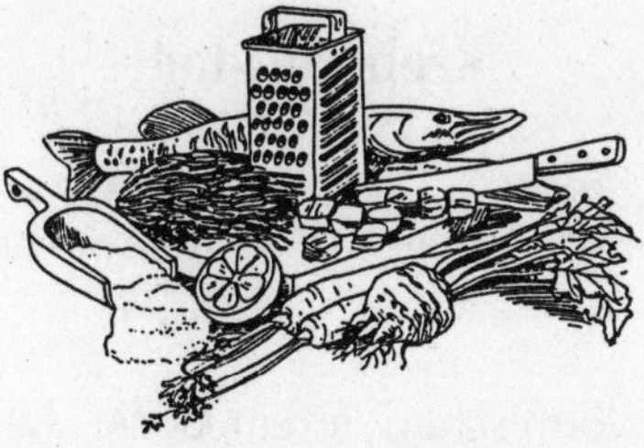

Vorspeisen und Suppen

Krabbencocktail

50 g kleine Krabben
1 Zitronenscheibe
125 g Cocktailsauce
(s. S. 34)

Die Krabben waschen, in ein Cocktailglas geben, mit der Sauce übergießen und kalt stellen. Vor dem Servieren mit einer Zitronenscheibe garnieren.

Krebscocktail

50 g frischer Krebs
1 hartgekochtes, kleingehacktes Ei
1 Zitronenscheibe
125 g Cocktailsauce
(s. S. 34)

Krebs und Ei vermischen, in ein Cocktailglas geben, mit der Sauce übergießen und kalt stellen. Vor dem Servieren mit der Zitronenscheibe garnieren.

Gefüllte Zwiebelschälchen

Für 4 Personen:

1 dicke spanische Gemüsezwiebel
1 Becher saure Sahne
500 g Sahnequark
etwas Milch
1 Tomate
1 kleine Zwiebel
Rosenpaprika
einige Petersilienstengel

Die spanische Gemüsezwiebel wird mit der braunen Schale gekocht. Ist sie weich, entfernt man die harte Außenschale, halbiert die Zwiebel senkrecht und löst die einzelnen Schälchen auseinander. Sie werden noch warm mit etwas saurer Sahne beschöpft und kalt gestellt.
Inzwischen den Sahnequark mit wenig Milch geschmeidig schlagen, die Tomate mit der kleinen, in Stücke geschnittenen Zwiebel mit dem Schneidestab pürieren, unter die Quarkmasse ziehen und soviel Rosenpaprika zufügen, bis der Quark eine schöne rötliche Färbung hat. Kurz vor dem Anrichten den Tomatenquark noch einmal gut durchmischen und die Hälfte davon in die Zwiebelschälchen füllen. Mit eventuell noch übrigem Sauerrahm beklecksen. Restlichen Quark verteilt man löffelweise daneben und garniert das Ganze mit frischen Petersiliensträußchen. Eine hübsche Vorspeise für heiße Tage!

Gefüllte Gurkenschiffchen (kalt)

Für 4 Portionen:

4 kleine Gurken (etwa Salzgurkengröße)
4 EL Essig
4 EL Öl

Für die Füllung:
200 g Steinpilze
2 EL Öl
Pfeffer
1 TL Essig
1 EL Kapern
sehr wenig Salz

Die Gurken schälen, halbieren, entkernen und mit Essig und Öl gefüllt einige Stunden beizen.
Inzwischen die Steinpilze zerschneiden (am besten nur die Hüte verwenden), in 2 EL Öl braten, mit Pfeffer, Essig, Kapern und evtl. Salz würzen. Die Gurkenhälften entleeren und mit der Pilzmasse schön aufgehäuft füllen.

Rinder-, Hammel-, Hühner- und Kalbsbrühe (Klare Suppe)

1 kg Fleisch (Rind, Kalb, Huhn, Hammel)
2½ l kaltes Wasser
2 TL Salz
2 TL kleingehackte Petersilie
30 g kleingeschnittene Zwiebel
20 g gehackter Sellerie
1 Karotte
1 Lorbeerblatt

Fleisch in mittelgroße Stücke schneiden, mit Wasser bedecken und Salz hinzufügen. 30 Minuten stehenlassen, dann langsam zum Kochen bringen. Petersilie, Zwiebel, Sellerie und Lorbeerblatt dazugeben, auf kleiner Flamme 3 Stunden weiterkochen. Über Nacht auskühlen lassen, das sichtbare Fett abnehmen und die Brühe durch ein Sieb gießen. Die Brühe kann portionsweise tiefgekühlt werden, so daß man immer Vorrat hat.

Hühnersuppe oder -gelee

2½ Tassen Hühnerbrühe (siehe vorhergehendes Rezept)
2 TL Zwiebelsaft
1 TL gehackte Peperoni
Salz
Pfeffer
16 g Gelatine

Die Brühe mit Zwiebelsaft, Peperoni, Salz und Pfeffer zum Kochen bringen. Gelatine in kaltem Wasser einweichen, zu der heißen Brühe gießen und verrühren, bis sie aufgelöst ist. Heiß servieren oder im Kühlschrank erstarren lassen, bis die Brühe fest ist.

Hühner-Pilz-Suppe

30 g gehackte frische Pilze
10 g Butter
1 Tasse Hühnerbrühe
1 Eigelb
1 EL Sahne
Salz
Pfeffer

Die gewaschenen und gehackten Pilze in der Butter braun rösten. Die Hühnerbrühe dazugeben und 5 Minuten kochen lassen. Das leicht geschlagene Eigelb und Sahne hinzufügen, salzen und pfeffern. Sofort servieren.

Falsche Nudelsuppe

1 Tasse klare Suppe
1 Ei
1 TL Butter
Salz
Pfeffer

Das Ei steif schlagen. Butter in einer heißen Eisenpfanne schmelzen, das Ei hineingießen und im Rohr bei Mittelhitze backen, bis das Ei fest ist. Abkühlen lassen und in nudelartige Streifen schneiden. Die Brühe salzen und pfeffern, erhitzen, Eierstreifen dazugeben.

Cocktailsauce

½ Tasse Diabetiker-Chilisauce
2 TL Zitronensaft
1 TL geriebener Meerrettich
½ TL Tabascosauce
¼ TL Zwiebelsalz
2 TL milder Essig
¼ TL Selleriesalz

Alle Zutaten gut verrühren. (Ergibt ungefähr eine Tasse Sauce.)

Belegte Brote

Hefebrot

Gleiche Teile Butter und frische Hefe oder Hefeflocken werden mit gemahlenem Koriander, schwarzem Pfeffer und einigen Tropfen Maggi gut vermischt. Man bestreicht damit Vollkornbrotscheiben.

Hefebrot, pikant

Süßer Rosenpaprika wird reichlich unter sahnige Hefe, wie oben, gemischt, so daß eine dunkelrote Farbe entsteht. Damit bestreicht man dünne Butterbrote aus Vollkornbrot.

Rautenbrötchen

Dünne Vollkornbrotscheiben werden mit Butter bestrichen und mit feingehackter Raute (Weinraute, Gartenraute) belegt, die man mit etwas Speisewürze bespritzt.

Kressebrot

30 g Butter schaumig rühren und mit gewiegter Kresse sowie einigen Tropfen Zitronensaft vermischen. Hiermit Vollkornbrote bestreichen und mit frischer Kresse bestreuen.

Tomatenbutter

Für 4 Brote:

200 g kleingeschnittene Tomaten
1 feingeschnittene Zwiebel
40 g Nußbutter
1 Prise Pfeffer
2 EL Mayonnaise

Alle Zutaten außer der Mayonnaise tüchtig durchkochen. Durch ein feines Sieb rühren und unter gelegentlichem Umrühren erkalten lassen. Erkaltet, Mayonnaise darunterrühren.

Kräuterquark

Unter den ungewürzten weißen Quark mischt man gehackte Kräuter (Schnittlauch, Petersilie, Dill, Borretsch, Majoran oder Thymian). Zum Anrichten kann man den Kräuterquark mit geraffelten gelben Rüben garnieren.

Weißer Quark

150 g Quark
3 EL Milch
½ geriebene Zwiebel
etwas Kümmel oder geriebener Rettich

Quark durchpassieren, mit Milch und geriebener Zwiebel und Kümmel oder geriebenem Rettich gut verrühren.

Grüner Quark

150 g Quark
3 EL Milch oder Sahne
etwas Vitam-R (Reformhaus)
2 Handvoll feingewiegter roher Spinat

Alle Zutaten gut zusammenmischen. Eine feine Beigabe zu Vollkornbrot mit Butter oder zu Pellkartoffeln.

Belegte Brote mit Fleisch und Wurst

Wurstwaren sollten in der Diabetes-Diät wegen ihres hohen Kaloriengehalts vermieden werden. So haben z. B. 100 g Leberwurst 450, 100 g Mettwurst 540, 100 g Salami 550 Kalorien! Wer nicht auf seine belegten Brote mit Fleisch verzichten möchte, sollte deshalb Vollkornbrotscheiben hauchdünn buttern und dann belegen mit angemachtem Tatar (100 g = 110 Kalorien), Roastbeefscheiben (100 g = ca. 200 Kalorien), Corned beef (100 g = ca. 225 Kalorien) oder Wurstwaren von Pute oder Rind (100 g Ø 200 Kalorien).

Frischsalate

Apfelsalat

2 schöne feste Äpfel (Reinetten)
1 kleine weiße Zwiebel
1 TL feiner Essig
2 TL Öl
etwas Zitronensaft

Die Äpfel schälen und in dünne Scheiben schneiden, desgleichen die Zwiebel. Beides vermengen und die Marinade darübergießen. Mindestens 1 Stunde ziehen lassen.

Blattsalat

Für 2—3 Portionen:

1 walnußgroßes Stück Bäckerhefe oder 1 TL Hefeextrakt
2 EL Öl
1 EL Essig
einige Tropfen Speisewürze
1 Prise schwarzer Pfeffer
Blattsalat (Kopf-, Lattich-, Mangold-, Spinat-, Endivien-, Feld- oder Weißkrautsalat)

Die Marinade gut vermischen und kurz vor dem Essen über den vorbereiteten Blattsalat geben.

Bunter Salat

Für 2—3 Portionen:

1 süße rote und 1 grüne Paprikaschote
3—4 Tomaten
2 EL Öl
1 EL Weinessig
1 in Streifen geschnittene Zwiebel

Paprikaschoten waschen, sorgfältig entkernen und streifig schneiden. Mit der Marinade, der Zwiebel vermischen und 1 Stunde ruhen lassen. Den scharfen Geschmack mit in kleine Würfel geschnittenen Tomaten mildern.

Blumenkohlsalat

Für 2—3 Portionen:

1 mittelgroßer Kopf Blumenkohl
2 EL guter Weinessig
2 EL Olivenöl
2 EL dicke saure Sahne
1 TL Senf
Muskatblüte
evtl. knapp 1 EL gemahlener Mohn (macht den Salat kalorienreicher)

Blumenkohl in große Rosen zerlegen, wässern und zum Abtropfen beiseite stellen. Dann zerlegt man die Röschen und schneidet die Stielchen klein. Die Zutaten zur Sauce gut durchmischen und über die angerichteten Röschen verteilen. Wer einen milderen Geschmack liebt, sollte weniger Essig verwenden.

Blumenkohlsalat, mild

Für 2—3 Portionen:

1 mittelgroßer Kopf Blumenkohl
1 EL Haselnußmus
1 TL Senf
1 Prise Pfeffer
1—2 EL Öl
Speisewürze
Zitronensaft

Nach Belieben:
Kerbelkraut, Petersilie, Salbei oder Pimpernell

Blumenkohl in kleine Röschen zerlegen, wässern, den Strunk fein reiben. Zu dem Haselnußmus Senf, Pfeffer und tropfenweise das Öl rühren, mit Speisewürze und Zitronensaft nach Belieben abschmecken. Blumenkohlröschen und den geriebenen Strunk in die fertige Salatsauce geben. Mit feingehackten Kräutern verfeinern.

Feiner Salat

Streifen von festen säuerlichen Äpfeln (Reinetteäpfel), vermischt mit Streifen von Stangensellerie oder geraspeltem Knollensellerie, zerschnittenen Essiggurken und Tomaten werden mit saurer Sahne übergossen.

Gelbe Rüben

Für 2 Portionen:

200 g geriebene Möhren
60 g gehackte Nüsse
1 Becher Joghurt
etwas Zitronensaft

Alle Zutaten gut vermischen und kalt stellen.

Gelbe Rüben mit Salatgurken

Für 4 Portionen:

2 Bund gelbe Rüben
½ Salatgurke
4 EL saure Milch
2 EL Öl
2 TL Essig
Muskatblüte

Gelbe Rüben und Salatgurken putzen, durch die Moulinette drehen oder raspeln. Dann die Zutaten zur Sauce vermischen und unter den Salat ziehen. Empfehlenswert!

Gurkensalat, leicht bekömmlich

Für 3—4 Portionen:

1 mittelgroße Salatgurke
2 EL Öl
½ EL Weinessig (noch besser ist Zitrone, da der Salat dann nicht zuviel Saft zieht)
Pfeffer
Salz
Paprika
etwas geriebene Zwiebel
viel gewiegter Dill oder andere Kräuter

Die Gurke schälen und hobeln. Zur Sauce alle Zutaten gut vermischen und unter die Gurke ziehen.

Italienischer Salat

Für 3—4 Portionen:

250 g Schwarzwurzeln
250 g Sellerie
1 Gewürzgurke
1 EL Sahne
2 EL Sesamöl
1—2 EL Estragonessig
1 feingehacktes Sträußchen Borretsch
etwas Pfeffer

Die geputzten Schwarzwurzeln, der geputzte Sellerie und die Gurke werden durch die mittelfeine Scheibe der Rohkostmaschine gedreht. Mit den Zutaten zur Sauce mischen und kalt stellen.

Kohlrabisalat

Für 2 Portionen:

3 Knollen Kohlrabi
1 EL Sahne
einige Tropfen Zitrone
etwas Öl
1—2 EL feingehackter Pimpernell oder Borretsch

Kohlrabi putzen und sehr fein raffeln. Mit den übrigen Zutaten mischen. Im Herbst werden Bodenkohlrabi mit Curry gewürzt. Will man Kohlrabisalat als Verzierung reichen, so kocht man halbierte Äpfel nicht ganz weich, entfernt das Kernhaus, zieht die Schale ab und häuft auf den inzwischen erkalteten Apfel je 1 EL Kohrabisalat.

Kürbis oder Zucchini

Für 4 Portionen:

½ Kürbis oder 2—4 Zucchini, je nach Größe

Zur Sauce:
2 Teile Öl
1 Teil Essig
1 Teil Milch
etwas Nelkenpfeffer (Piment)
Zimt
soviel Ingwer wie beide Gewürze zusammen

Kürbis oder Zucchini schälen und raspeln, die Zutaten zur Sauce vermischen und über das Fruchtpüree gießen.

Paprikasalat

1 Paprikaschote
½ kleine Zwiebel
2 TL Öl
1 TL Essig
Speisewürze
Pfeffer

Paprikaschote in heißes Wasser tauchen, abziehen, entkernen und in feine Streifen schneiden. Zwiebeln in dünne Scheiben schneiden, alle Zutaten gut vermischen und kalt servieren.

Petersilienwurzelsalat

Die Petersilienwurzeln werden, wie unter »Schwarzwurzelsalat« beschrieben (siehe Seite 47), zubereitet. Empfehlenswert!

Rosenkohlsalat

Für 2 Portionen:

100 g kleine Rosenkohlröschen
1 Lauchstengel (Porree)
1 EL Öl zum Schmoren
1 EL Mandelmus
4 EL süße Sahne
1 EL Essig
2 EL Öl
Muskatblüte
Paprika

Die Rosenkohlröschen werden halbiert und gut gewaschen. Inzwischen den halbierten Lauchstengel ebenfalls sorgfältig waschen, in kleine Streifen schneiden und in Öl anschmoren. Sobald diese kalt geworden sind, mischt man aus den übrigen Zutaten die Sauce, gibt die Lauchstengel dazu und zieht sie unter die abgetropften Rosenkohlröschen.

Frühlingssalat von roten Rüben

Im Monat Mai, wenn die ersten frischen roten Rüben auftauchen, kann man daraus einen wohlschmeckenden Salat bereiten.

Für 4 Portionen:

3 Bund kleine rote Rüben
2 neue Zwiebeln

Zur Mayonnaise:
⅛ l süße Sahne
2 EL Öl
1—2 EL Kräuteressig
etwas Vitam R
einige Wacholderbeeren

Die Rüben säubern und ungeschält mit den Zwiebeln in der Moulinette reiben. Die Sahne steif schlagen, langsam Öl, Essig und die übrigen Zutaten zur Mayonnaise zugeben. Mit dieser Sauce die Rüben vermischen.

Rotkrautsalat

Für 2 Portionen:

250 g Rotkraut (Blaukraut)
2 EL Öl
4 Wacholderbeeren
2 EL Essig
etwas Pfeffer
1 EL geriebener Meerrettich
etwas Kopf- oder Endiviensalat

Das Rotkraut sehr fein schneiden und mit Öl und Wacholderbeeren fest in einen Topf stampfen. Beschweren und bis zum nächsten Tag stehenlassen. Dazu Essig, Pfeffer und Meerrettich geben und alles gut durchmischen. Kurz vor dem Anrichten gibt man noch Streifen von Kopfsalat oder Endivien bei.

Selleriesalat

1 mittelgroße Sellerieknolle
Essig oder Zitrone
Öl
etwas Wasser
Curry

Die Sellerieknolle gründlich reinigen, dann erübrigt sich das Schälen. Man reibt sie auf der Maschine und fügt rasch Essig oder Zitrone, später noch Öl, Wasser und Curry hinzu. Ist Fett erlaubt, so verwendet man mehr Öl, anderenfalls mehr Wasser. Der Salat darf nur nicht zu trocken sein.

Sauerkrautsalat mit Sahne

Für 2 Portionen:

200 g Sauerkraut
⅛ l süße Sahne oder Joghurt
1 TL gemahlener Kümmel

Hierfür kommt nur bestes Sauerkraut in Frage. Die geschlagene süße Sahne oder Joghurt mit Kümmel würzen und unter das kleingeschnittene Sauerkraut ziehen. Ein einfacher und guter Salat.

Sauerkrautsalat mit Zwiebeln

Für 2—3 Portionen:

200 g Sauerkraut
2—3 kleine Zwiebeln
3 EL Öl
4 Wacholderbeeren
1 EL Kräuteressig

Die geschnittenen Zwiebeln in Öl dämpfen. Dazu gibt man Wacholderbeeren, schmeckt mit Kräuteressig ab, mischt gut durch und zieht die Sauce unter das kleingeschnittene Sauerkraut. Die Sauce paßt auch zu Weißkraut oder anderen Rohgemüsen.

Saure Rüben, süddeutsche Art

Diese gleich dem Sauerkraut eingemachten Rübenstreifen sind manchmal noch in Süddeutschland erhältlich. Sie werden mit Zwiebeln, etwas Öl und Kümmelkörnern pikant angerichtet.

Schwarzwurzelsalat

Für 2 Portionen:

200 g Schwarzwurzeln

Zur Marinade:
4 EL Öl
1—2 EL Zitronensaft
1 EL Sahne oder Joghurt
knapp ½ EL Senf
1 kleine geriebene Zwiebel
1 Prise Pfeffer
2 feingeschnittene Tomaten

Die Zutaten zur Marinade gut verschlagen. Die Schwarzwurzeln reinigen, grob raffeln und mit der Marinade mischen.
Auf die gleiche Weise können auch Kohlrabi und roher Spargel bereitet werden.

Spinatsalat

Für 2 Portionen:

200 g Spinat
1 kleine Zwiebel
Kräuter (Kerbel, Sauerampfer, Petersilie, Thymian oder Borretsch)
⅛ l geschlagene Sahne
1 EL Öl
1 EL Kräuteressig

Nur zarten, nicht kopfgedüngten Spinat verwenden! Spinat mit der Zwiebel und den Kräutern durch die Hackmaschine drehen. Aus den übrigen Zutaten eine Sauce bereiten. Spinatmasse mit der Sauce vermischen und eine Zeitlang kalt stellen.

Grünkohl

Für 2 Portionen:

200 g Grünkohlherzen
1 EL Haselnußmus
2 EL Milch
2 EL gutes Salatöl
2 EL Zitronensaft
1 TL Senf
etwas geriebene Zwiebel
je 1 Prise Pfeffer und Muskat

Der frisch ausgewachsene Grünkohl gibt Anfang März einen feinen, herben Rohsalat. Die gewaschenen Herzchen werden durch die Maschine gedreht. Die Zutaten zur Sauce in eine Schüssel geben, mit dem Schneebesen kräftig durchschlagen und die Grünkohlmasse darunterziehen.

Topinambursalat

1 Topinamburknolle
2 EL Sahne
2 EL Öl
1 TL Senf
1—2 EL Zitronensaft
einige Tropfen Speisewürze
1 TL frischgehackte Petersilie
1 kleine geriebene Zwiebel
Paprika

Ergibt im Januar einen erfrischenden Salat! Die geschälte Knolle wird roh geraffelt. Aus den übrigen Zutaten durch kräftiges Schlagen mit dem Schneebesen eine Art Mayonnaise bereiten und zu dem Salat geben.

Tomatenvorspeise, geeist

Geschälte Tomaten werden im Mixer püriert. Das Mus verrührt man mit geschlagenem Rahm oder Joghurt, würzt es mit Paprika und füllt es in kleine Förmchen, die man in Eis setzt. Nach einiger Zeit stürzt man sie und richtet sie, mit geschlagener Sahne verziert, an.

Tomaten nach Pariser Art

Man schneidet Tomaten in Scheiben und beizt diese in einer Öl-Essig-Salatsauce. Dann läßt man geriebenen Knollensellerie, gehacktes Kerbelkraut und Schnittlauch in Zitronensaft und Öl ziehen. Die Tomatenscheiben auf Salatblättern anrichten und mit dem würzigen Kräuter-Sellerie überziehen.

Gefüllte Tomaten

2 Tomaten
etwas feingeriebener Blumenkohl
1 TL gewiegte Kräuter (Pimpernell, Basilikum usw.)
1 TL Öl
etwas Zitronensaft

Von den Tomaten Deckel abschneiden und den Inhalt herausnehmen. Dieser wird durch ein Sieb passiert und mit feingeriebenem Blumenkohl, Kräutern, Öl und Zitronensaft vermischt. Damit füllt man die Tomaten und setzt den Deckel wieder auf.

Weißkrautsalat

Für 2 Portionen:

200 g Weißkraut
1 Lauchstengel (nur das Weiße)
3 EL Öl
etwas Speisewürze
1 EL Essig
1—2 EL Sahne
1 TL Kümmel
4 Wacholderbeeren
Pfeffer oder andere Gewürze nach Geschmack

Weißkraut waschen, fein hobeln und zum Abtropfen wegstellen. Das Weiße eines Lauchstengels, Öl und Speisewürze dazugeben. Die Masse mit einem Teller bedekken und durch ein 5-kg-Gewicht beschweren. Am nächsten Tag ist sie weich wie Kopfsalat. Mit den übrigen Zutaten anmachen.

Weißkrautsalat, schnelle Art

Für 2 Portionen:

200 g Weißkraut
4 EL Sahne
1 EL Weinessig
1 TL Kräuteressig
Pfeffer
Curry
1 gewürfelte Gewürzgurke

Weißkraut fein raffeln. So wird es schon durch halbstündiges Stehen weich. Mit den übrigen Zutaten mischen.

Frischgemüse-Allerlei

(für mehrere Personen)

Auf einer Platte ordnet man folgende geschnittene oder geraspelte Frischgemüse an: Möhren, rote Rüben (wenig), Rettich, Knollensellerie, Kürbis, Gurken, Blumenkohl, Weißkraut, Rotkraut (wenig), Spinat; d.h., man nimmt von diesen Gemüsen diejenigen, die gerade erhältlich sind. Sie werden mit einem Rand aus rohem Sauerkraut umgeben und mit Kapern sowie entkernten grünen und schwarzen Oliven bestreut. Das Ganze begießt man mit einer einfachen Salatsauce. Statt Kapern und Oliven können Stangensellerie und Fenchelgrün, beide gut zerkleinert, verwendet werden.

Fleisch und Geflügel

Rinderfilet vom Grill

100 g Rinderfilet dünn mit Öl bepinseln, in der vorgeheizten Grillpfanne oder unter dem Backofengrill ohne Fett auf jeder Seite 2 Minuten grillen. Das Filet kann nach der Hälfte der Grillzeit im rechten Winkel gedreht werden, so daß ein Gittermuster entsteht. Englisch gebraten (innen noch etwas blutig) ist das Fleisch, wenn es auf Fingerdruck elastisch nachgibt; treten auf der Oberfläche Saftperlen auf, ist das Fleisch stärker durchgebraten. Salzen und mit Kartoffelrösti (wenn erlaubt!) servieren.

Steak nach Jäger-Art

100 g Rinderfilet, gut abgehangen
½ Zwiebel
1 TL Öl
50 g Pfifferlinge
Salz
Lorbeerblatt
Petersilie
2 EL saure Sahne

Die Zwiebel in Würfel schneiden und in wenig Öl glasig werden lassen. Das Steak auf beiden Seiten scharf anbraten, den Bratenfond löst man mit wenig Gemüsebrühe oder Wasser. Pfifferlinge mit den Gewürzen weich dünsten und die Sauce mit saurer Sahne binden. Als Beilagen Kartoffeln (wenn erlaubt) oder Reis (wenn erlaubt) und Kopfsalat servieren.

Gulasch

150 g mageres Rindfleisch
1 TL Sonnenblumenöl
1 mittelgroße Zwiebel
1 EL Edelsüß-Paprika
1 Prise Salz
½ Knoblauchzehe
Majoran und Kümmel
1 TL Tomatenmark

Fleisch in fingerdicke Würfel schneiden und in Öl von allen Seiten anbraten, grob geschnittene Zwiebelwürfel und Paprika zugeben und kurz mitbraten. Mit Wasser ablöschen, salzen, würzen (ohne Tomatenmark) und bei geringer Hitze langsam garen. Tomatenmark unterrühren.

Fleisch- und Gemüsetopf

Für 2 Personen:

200 g Lendensteak, in Würfel geschnitten
100 g Karotten, gewürfelt
100 g gehackter Sellerie
100 g Kohl, in Streifen geschnitten
1 kleine gehackte Zwiebel
1 Tasse Tomatensaft
10 g Fett
Salz und Pfeffer

Die Steakwürfel im Fett bräunen, in eine ofenfeste Form geben, Gemüse, Salz und Pfeffer hinzufügen, mit Tomatensaft übergießen, zudecken und bei kleiner Hitze im Ofen garen.

Kohlrouladen

Für 4 Personen:

200 g Lendensteak, sehr mager
4 große Kohlblätter
4 EL Essig
1 Tablette Süßstoff
Salz
Pfeffer
½ l Gemüsebrühe (Instant)

Das Fleisch zweimal durch den Wolf drehen, mit Salz und Pfeffer mischen, zu vier Kugeln formen. Die Kohlblätter überbrühen, jeweils eine Fleischkugel in ein Blatt einrollen, evtl. mit Bindfaden umwickeln, in eine ofenfeste Form geben und die Brühe angießen. Bei Mittelhitze im Rohr 45 Minuten backen, dann den Essig zugeben. Weitere 30 Minuten garen. Nachdem die Rouladen aus der Form genommen wurden, den Süßstoff in dem heißen Saft auflösen und unterrühren. Sie könne statt dessen auch einen Spritzer flüssigen Süßstoff verwenden. Den Saft über das Fleisch gießen. Pro Person eine mittelgroße Kartoffel dazu servieren — für die gesunden Mitesser nach Belieben mehr.

Corned-beef-Haschee

75 g Corned beef
1 gekochte Kartoffel oder Weizenkeimflocken
5 g gekochte Zwiebel
1 verlorenes Ei
1 EL Diabetiker-Chili-Sauce
Salz
Pfeffer

Corned beef und Kartoffel klein hacken, Salz, Pfeffer und Zwiebel hinzufügen, in einer Pfanne rösten. Mit dem verlorenen Ei und der Chili-Sauce servieren.

»Hamburger«

Für 4 Personen:

200 g mageres Lendensteak
1 kleine Zwiebel, fein gehackt
20 g Butter
2 Tassen Tomatensaft
Salz
Pfeffer
Paprika
1 kleine grüne Paprikaschote
1 kleine rote Paprikaschote

Das Fleisch zweimal durch den Wolf drehen, mit Salz, Pfeffer und Paprika würzen und zu vier Laibchen formen. In eine ofenfeste Form legen, die Zwiebeln darüberstreuen, den Tomatensaft darübergießen und jedes Stück Fleisch mit einer Scheibe Butter bestecken. Die in feine Streifen geschnittenen Paprikaschoten dazwischen verteilen. 45—60 Minuten bei Mittelhitze im Rohr bakken.

Rinderzunge

Für 4 Personen:

1 frische Rinderzunge
Salz

Die Rinderzunge gut schrubben, mit kochendem Wasser bedecken und nochmals zum Kochen bringen. Abschäumen, wieder mit Wasser bedecken und 3—4 Stunden weich kochen. ½ TL Salz hinzufügen, wenn die Zunge halb gar ist. Im Kochwasser auskühlen lassen, herausnehmen und die äußere Haut abziehen. In Stücke schneiden und kalt oder aufgewärmt servieren.

Fleischknödel

50 g Lendensteak, sehr mager
1 TL Hafermehl
2 EL Wasser
5 g gehackte Zwiebel
Salz
Pfeffer

Das Fleisch zweimal durch den Fleischwolf drehen, Hafermehl, Wasser, Salz, Pfeffer und Zwiebel hinzufügen. Knödel formen, mit Wasser bedecken und langsam kochen lassen, bis das Wasser sich zu einer Sauce eindickt.

Gebratenes Schweinekotelett

100 g mageres Schweinekotelett
1 TL gehackte Zwiebel
1 TL ungesüßtes Apfelmus
Salz
Pfeffer
etwas Öl oder Butter

Kotelett auf beiden Seiten braten, Zwiebeln zum Schluß mitbraten lassen, würzen, mit Apfelmus garnieren.

Geschmortes Schweinekotelett mit Ananas (fettarm)

1 mageres Kotelett
1 TL gehackte Zwiebel
1 EL Öl
1 Scheibe in Wasser eingemachte, ungezuckerte Ananas
Salz
Pfeffer

Kotelett in Öl auf beiden Seiten kurz anbraten, dann in eine Bratpfanne geben. Mit Salz, Pfeffer und Zwiebel würzen, etwas Wasser zugießen, zudecken und bei Mittelhitze im Rohr 45 Minuten schmoren. Mit der Ananasscheibe servieren.

Kalbfleisch in der Folie (fast fettfrei)

125 g Kalbsschnitzel
1 Prise Salz
½ TL Öl
1 Stück Alufolie (ca. 30×40 cm)

Das leicht gesalzene Fleisch in die mit Öl bestrichene Folie einschlagen, gut verschließen und im vorgeheizten Backofen oder in der zugedeckten Pfanne in ca. 15 Minuten weich dünsten.

Schwedisches Kalbfleisch

2 Kalbsschnitzel (je 75 g)
1 TL gehackte Petersilie
2 TL Butter
2 EL Sahne
Salz
Pfeffer

Kalbsschnitzel sehr dünn klopfen, mit einem Gemisch aus gehackter Petersilie und 1 TL Butter bestreichen. Mit Salz und Pfeffer würzen, einrollen und feststecken. In eine heiße, mit der restlichen Butter ausgebutterte Bratpfanne geben. Wenn das Kalbfleisch gebräunt ist, die Sahne mit etwas Wasser vermischen und zufügen. Gut zugedeckt bei schwacher Hitze schmoren.

Kalbsfrikassee

150 g Kalbsschulter
1 EL Vollsojamehl
1 Prise Salz
1 Eigelb
1 TL Zitronensaft
je 1 Stück Lauch, Sellerie und Möhre für den Sud

Fleisch und Gemüse in etwas Wasser gar kochen. Das Fleisch beiseite legen und die Brühe durchseihen. Sojamehl in wenig kaltem Wasser glattrühren und in die Brühe einrühren, salzen, nochmals kurz aufkochen lassen und mit dem Eigelb binden. Das Fleisch in sehr kleine Würfel schneiden und in die Sauce geben, mit Zitronensaft abschmecken und auf kleiner Flamme kurz ziehen, aber nicht mehr kochen lassen. Dazu schmecken, wenn erlaubt, Schupfnudeln und grüner Salat.

Kalbsvögerl mit Gemüse

Für 4 Portionen:

4 Kalbsschnitzel à 100 g
4 kleine Karotten
1 kleine Zwiebel
1 Ei
2 EL Wasser
15 g Kleie
30 g Butter
½ Tasse Wasser
Salz
Pfeffer

In jedes Schnitzel 1 Karotte und 1 Zwiebelscheibe einrollen. Mit Zahnstochern zusammenstecken, mit Salz und Pfeffer würzen. In das mit Wasser vermischte Ei tauchen und in Kleie wälzen. In der geschmolzenen Butter braun werden lassen, ½ Tasse Wasser zugeben, zudekken und bei schwacher Hitze im Rohr dünsten.

Lammfleisch und grüne Bohnen

50 g mageres Lammfleisch
100 g grüne Bohnen
10 g Butter
10 g feingeschnittene Zwiebel
100 g gekochte Tomaten
Chilipulver
Salz
Pfeffer

Lammfleisch würfelig schneiden, mit der Zwiebel in Butter rösten, die gekochten Tomaten hinzufügen, mit Salz, Pfeffer und 1 Prise Chilipulver würzen, die grünen Bohnen dazugeben. Mit Wasser bedecken und weich kochen.

Irish Stew

(wenn Kartoffeln erlaubt sind)

Für 2 Portionen:

100 g Hammelfleisch
200 g Kartoffeln
100 g Weißkohl
100 g Möhren
1 Zwiebel
Salz
Kümmel
Piment

Das geputzte Gemüse und die geschälten Kartoffeln klein schneiden. Abwechselnd Gemüse, Kartoffeln und Fleischwürfel mit den Gewürzen überstreut in einen Topf schichten. Soviel kochendes Wasser zugeben, daß die oberste Schicht gerade bedeckt ist, zugedeckt ohne Umrühren garen.

Gebratenes Hammelfleisch mit Pfirsich

1 Scheibe Hammelfleisch
Salz
Pfeffer
2 halbe in Wasser eingemachte, ungezuckerte Pfirsiche
1 TL Butter oder Öl

Das Hammelfleisch würzen, auf beiden Seiten anbraten und, wenn es fast gar ist, die Pfirsichhälften dazugeben. Weiter rösten, bis die Pfirsiche gebräunt sind.

Gebratene Leber

1 Scheibe Leber (100 g)
5 g Speckwürfel
Salz
Pfeffer

Die Leber von den Häuten und Sehnen befreien, Speckwürfel in eine Pfanne geben, erhitzen, Leber dazugeben, würzen, rasch von beiden Seiten braten.

Kalbsleberpastete

100 g geschabte Kalbsleber
1 Eigelb
1 EL Vollsojamehl
2 EL saure Sahne
Salz
Pfeffer
Muskat

Die geschabte Leber mit den übrigen Zutaten vermischen und in eine mit einigen Tropfen Öl ausgepinselte Tasse drücken. Im Wasserbad garen. Warm oder kalt mit gemischtem Salat servieren.

Auf dem Rost gebratenes Huhn

½ Brathuhn
10 g Butter
Salz
Pfeffer

Das Huhn mit der Butter einreiben, mit Salz und Pfeffer bestreuen, mit der Hautseite zuerst auf den Rost legen. Auf beiden Seiten braten, dann die Hitze zurücknehmen und ca. 25 Minuten weiterbraten. Oft wenden.

Hühnerfrikassee

100 g geschmortes Huhn
1 kleines Stück getrocknete rote Peperoni
20 g gehackte Zwiebel
½ kleine Karotte, geschnitten
20 g gehackter Sellerie
Salz
Pfeffer

Huhn in kleine Stücke schneiden, mit Salz und Pfeffer würzen, Peperoni, Zwiebel, Karotte und Sellerie hinzufügen. Mit kochendem Wasser bedecken und weiterkochen, bis das Gemüse weich ist.

Fisch

Fisch in Aluminiumfolie

Pro Person 200 g Schellfischfilet (Kabeljau, Seezunge) salzen und mit Zitronensaft beträufeln. Mit kleinen Stükken von Möhren, Sellerie und Lauch und mit Suppengrün in Aluminiumfolie einschlagen und gut zufalzen. Im vorgeheizten Backofen in ca. 15 Minuten garen.

Tomatenfisch

200 g Fischfilet (Rotbarsch, Schellfisch, Kabeljau oder Seezunge)
2 EL Sonnenblumenöl
1 TL Tomatenmark
2 EL saure Sahne

Eine feuerfeste Form mit Öl bepinseln, den vorbereiteten, leicht gesalzenen und mit Zitronensaft beträufelten Fisch darauflegen. Tomatenmark, restliches Öl und saure Sahne verquirlen und über das Filet geben. Im Backofen garen.

Heringstopf nach Hausfrauenart

200 g Heringsfilet
50 g Apfelscheiben
1 kleine Zwiebel
1 Lorbeerblatt
Senfkörner
2 Zitronenscheiben
1 TL Zitronensaft
3 EL Bioghurt

Heringsfilet über Nacht in Buttermilch legen, am nächsten Morgen in einer Schüssel mit Apfel- und Zitronenscheiben bedecken, Zwiebelringe, Lorbeerblatt und Senfkörner darauf verteilen. Joghurt mit etwas Zitronensaft verquirlen, darübergießen und bis zum Abend ziehen lassen.

Forelle aus der Folie

Die gewaschene und ausgenommene Forelle innen und außen mit dem Saft von ½ Zitrone beträufeln und leicht salzen. Gehackte Kräuter (Petersilie, Schnittlauch, Dill) hineinstreuen. Aluminiumfolie mit Öl bestreichen und die Forelle darin locker verpacken. Im vorgeheizten Backofen ca. 20 Minuten gar dünsten, mit Zitronenscheiben und Petersiliensträußchen garnieren und mit frischer Butter (1 TL) servieren.

Gekochte Scholle

100 g frische Scholle — *Salz*
1 Zitronenscheibe — *Pfeffer*

Den Fisch in einem Drahtkorb über kochendes Wasser hängen. Zudecken und 20 Minuten dämpfen. Salz und Pfeffer nach Geschmack dazugeben, mit einer Zitronenscheibe servieren.

Gebackene Scholle

1 Schollenfilet
50 g geschnittene Karotten
15 g gehackte Zwiebel
15 g junge Erbsen, gekocht
50 g gekochte Tomaten
15 g Olivenöl
Salz
Pfeffer

Karotten und Zwiebel zusammen weich kochen. Dann die Erbsen, Salz und Pfeffer dazugeben. Den Fisch in eine kleine Bratpfanne geben, mit dem Gemüse bedekken, Olivenöl darübergießen, backen.

Gekochter Heilbutt

1 Scheibe Heilbutt
25 g in Würfel geschnittene Karotten
½ kleine Kartoffel
15 g gehackte Zwiebel
5 g Butter
½ Tasse Milch
Salz
Pfeffer

Den Heilbutt in kleine Stücke schneiden, die Zwiebel in Butter goldbraun rösten, Heilbutt, Karotten und Kartoffel dazugeben. Mit Wasser bedecken, salzen und pfeffern, in einer zugedeckten Pfanne 25 Minuten kochen. Die Milch hinzufügen, nochmals zum Kochen bringen, sofort servieren.

Gemüse aller Art

Auberginen

Die Auberginen werden in Stücke geschnitten und unter Beigabe von Tomatenvierteln ohne Kerne, Pilzen und Öl weichgeschmort.

Auberginen oder Zucchini

Beide Früchte (Auberginen, bzw. Eierfrüchte und Zucchini, auch Gemüsekürbisse, bzw. Courgettes genannt) können vielfach auf die gleiche Art zubereitet werden. Die Früchte waschen, ungeschält in Scheiben oder Stükke schneiden, salzen, pfeffern, nach Belieben mit Thymian oder Rosmarin würzen und in Öl gar dünsten. Man kann sie nach Geschmack auch noch mit geriebenem Käse bestreuen und eventuell überbacken.

Blumenkohl auf Schweizer Art

Für 2—3 Portionen:

1 Kopf Blumenkohl
Salz
1 EL Butter
1 Tasse Wasser
1 Tasse Milch
Muskat

Der Blumenkohl wird in kleine Röschen zerteilt und gut gewaschen. Hierauf zerläßt man 1 EL Butter hellgelb und gießt Wasser und Milch zu. In dieser Sauce wird der Blumenkohl langsam weichgekocht, mit Muskat gewürzt und in einer tiefen Schüssel angerichtet.

Blumenkohl mit Käsesauce

Für 2—3 Portionen:

1 mittelgroßer Blumenkohl
Salz
200 g Tomaten
3 EL geriebener Schweizer Käse

Der Blumenkohl wird gut gewaschen und dann in Salzwasser gar gekocht. Er darf aber nicht zerfallen. Man richtet ihn in einer Schüssel an und übergießt ihn mit folgender Sauce: Die geschälten Tomaten pürieren, in einem Topf erwärmen, und dabei unter ständigem Rühren den Käse zufügen.

Grüne Stangenbohnen

Für 3 Portionen:

500 g Stangenbohnen
1 guter EL Butter
3 Tomaten
200 g in Butter gebratene Pilze
1 Prise Pfeffer
wenig Salz

Die Stangenbohnen schnitzeln und in Butter dämpfen. Die Tomaten häuten, in Stücke schneiden und mit den Pilzen zu den Bohnen geben. 1 Spur Salz, etwas Pfeffer zufügen und alles noch kurze Zeit ziehen lassen.

Bohnen für jedermanns Geschmack

(Hauptgericht für 4 Personen)

An fadenlosen gelben Salatbohnen werden Stengel und Blüte entfernt, worauf man sie wäscht und zum Abtropfen stellt. Die Bohnen werden in folgenden drei Variationen zusammen aufgetragen.

Würzig:

4 EL Öl
1 große, in Würfel geschnittene Zwiebel
4 gehäutete, zerschnittene Tomaten
gemahlener schwarzer Pfeffer
400 g Bohnen
Speisewürze

In einen dickwandigen Topf gibt man Öl, gewürfelte Zwiebel, Tomaten, Pfeffer und Bohnen. Fest zudecken und langsam gar schmoren, anschließend mit Speisewürze abschmecken.

Angenehm mild:

30 g Butter	*Thymian*
400 g Bohnen	*wenig Salz*

In einen dickwandigen Topf alle Zutaten geben, auf kleinem Feuer gar dünsten. Eventuell etwas Wasser zufügen.

Für Liebhaber von Mayonnaise
(kalorienreicher!)

400 g Bohnen	*1 TL Senf*
¼ l Wasser	*¼ l Öl*
Salz	*1 EL Essig*
1 EL gehackte Petersilie	*1 EL gehackter Pimpernell*
	1 EL Zitronenmelisse
Kräutermayonnaise:	*1 TL Pfefferminze*
1 Eigelb	

Bohnen in schwach gesalzenem Wasser gar kochen, gleich anrichten und Petersilie darüberstreuen. Die Kräutermayonnaise mit einem Handrührgerät unter langsamer Beigabe des Öls aufschlagen und dazu reichen.

Schnitzbohnen

Für 3 Portionen:	*1 Bund Bohnenkraut*
	2 mittelgroße Kartoffeln
20 g Öl	*1 EL gehackte Petersilie*
500 g geschnitzelte grüne Stangenbohnen	*Speisewürze*
	etwas Pfeffer

In einen passenden Topf gibt man das Öl und darüber Bohnen und Bohnenkraut. In fest zugedecktem Topf

5—10 Minuten dämpfen, bis sie halb gar sind. Jetzt fügt man ¼ l Wasser hinzu und legt, falls erlaubt, die gewürfelten Kartoffeln obenauf. Benützt man einen Aluminiumtopf, so muß man durch eine unterlegte Asbestplatte allzu rasches Verdampfen verhindern. Wenn die Bohnen gar sind, soll die Flüssigkeit gerade verschwunden sein. Mit Petersilie, Pfeffer und Speisewürze abschmekken, die Kartoffeln daruntermischen. Zu diesem Gericht sind bunte Paprikaschoten als Salat eine gute Ergänzung.

Grüne Bohnen

Schnitzelbohnen oder Salatbohnen werden in Öl und wenig heißem Wasser etwa 30 Minuten lang gar gedünstet. Sie erfordern eine kräftige Würzung durch starkschmeckende Kräuter wie Estragon, Basilikum usw.

Pommersche Bohnen

Für 3 Portionen:

400 g grüne Bohnen
400 g weiße Bohnen
Salzwasser
1 Zwiebel, feingehackt
1 EL Butter
1 EL gehackte Petersilie

Grüne und weiße Bohnen jeweils für sich in wenig gesalzenem Wasser gar kochen. Dann brät man Zwiebelstückchen in Butter, vermischt sie mit gehackter Petersilie und füllt mit Gemüsewasser auf. In eine Kasserolle gibt man je 1 Lage der grünen und 1 Lage der weißen Bohnen usw., bis der Topf gefüllt ist. Man begießt alles mit der Sauce und läßt es fest zugedeckt fertig dünsten. Ein sehr gutes Mittagessen!

Dicke Bohnen (Puffbohnen)

Für 4 Portionen:

500 g ausgehülste Bohnen
1 Bündel Bohnenkraut
Salzwasser
100 g Speckwürfel
20 g Weizenkeime
Pfeffer
1 EL feingehackte Petersilie

Die Bohnen mit Bohnenkraut in schwach gesalzenem Wasser kurze Zeit kochen. Speckwürfel ausbraten — man kann statt dessen auch Butter verwenden —, Weizenkeime zugeben und mit Wasser ablöschen. In dieser Sauce läßt man die Bohnen mit etwas Pfeffer vollends gar werden und bestreut sie beim Anrichten mit Petersilie.

Erbsen und Karotten

Für 3 Portionen:

500 g frische oder TK-Erbsen und kleine gelbe Rüben
1 TL Gemüsebrühe
30 g Butter
2 gekochte, durch ein Sieb gestrichene Äpfel
etwas Hefeextrakt

Erbsen und Karotten in wenig Gemüsebrühe garen. Dann läßt man die Butter zerlaufen, schwenkt das Gemüse darin und dickt mit dem Apfelpüree an. Das leicht säuerliche Gemüse mit Hefeextrakt würzen.

Englischer Salat

Für 4 Portionen:

500 g rote Rüben
1 dicke Sellerieknolle
500 g Äpfel
Öl
Essig
Kapern
weißer Pfeffer

Rote Rüben und Sellerieknolle getrennt weich kochen, noch warm abziehen und in Würfel schneiden. Die Äpfel ebenfalls schälen und würfelig schneiden. Alles mit der Marinade mischen.
Am besten bereitet man den Salat am Vortrag oder doch wenigstens am Mittag für den Abend.

Gemüse-Julienne

Für 2 Portionen:

1 Sellerieknolle
1 Petersilienwurzel
1 große oder 2 kleine weiße Rüben
2 Möhren
2 Lauchstengel
40 g Butter
Salz
Wasser

Die Gemüse in feine Streifchen zu Julienne schneiden. Leicht in Butter andünsten (ohne Farbe nehmen zu lassen), wenig Wasser angießen und darin garen.
Zu diesem Gericht reicht man, falls erlaubt, neue Kartoffeln, die man in frischer Butter mit gehacktem Dill und Petersilie geschwenkt hat.

Gemüsevorspeise

Aus $\frac{1}{3}$ Öl, $\frac{1}{3}$ Wasser, $\frac{1}{3}$ Weißwein, 1 Zwiebel, 1 Lorbeerblatt und unter Beigabe von Essig bereitet man eine Marinade, die man 20 Minuten an der Seite des Herdes leicht weiterziehen läßt. Dann durchpassieren. In diese Marinade kann man, jeweils für sich, verschiedene Gemüse kochen und erkalten lassen: neue Zwiebeln, Lauch, Steinpilze, Champignons, Artischockenböden usw. Passende Bestandteile kann man zu einer hübschen Horsd'œuvre-Platte zusammenfügen: So läßt man z. B. Pilze ungefähr gar werden, fügt ausgedrückte, in Viertel geschnittene Tomaten hinzu und bestreut alles mit frisch gehackter Petersilie.

Gemüsegulasch

Für 2 Portionen:

500 g Wirsing
250 g Karotten
1 kleine Zwiebel
1 Sellerieknolle
1 Kohlrübe
Paprika
3 kleine Zweige Majoran
10 Wacholderbeeren
1 EL Kümmel
3 EL Öl oder Butter

Wenn erlaubt:
4 Kartoffeln
wenig Salz
Speisewürze

In einem Eisentopf die gewürfelte Zwiebel, die gereinigten, gewürfelten Karotten, Sellerie und Kohlrübe in Öl oder Butter anbraten. Dann den grobgeschnittenen Wirsing und die Gewürze zugeben, zu $\frac{3}{4}$ mit Wasser auffüllen und fest zugedeckt kochen lassen. Wenn das Gemüse gar ist, muß das Wasser gerade verkocht sein. Hat man zuviel genommen, läßt man es bei starkem Feuer rasch verdampfen. Nach Geschmack mit Speisewürze oder brauner Butter verfeinern.

Junge Gemüse in Sahne

Junge Zwiebeln, Karotten und Erbsen werden zu gleichen Teilen in Butter gedämpft, ebensoviel Bohnen und Blumenkohl müssen getrennt in etwas Wasser gekocht werden. Sobald alle Gemüse weich sind, gibt man sie zusammen in einen Topf, gießt eine Tasse süße Sahne zu und verfeinert das Gericht eventuell noch mit einem Stückchen Butter. Mit Petersilie überstreut servieren.

Gelbe Rüben mit Kartoffeln und Äpfeln

Für 4 Portionen:

500 g gelbe Rüben
500 g Apfelscheiben
40 g Butter
1 kleines Glas trockener Weißwein
Pfeffer
½ TL gewiegter Thymian
1 EL gehackte Petersilie
750—1000 g kleine Kartoffeln (wenn erlaubt)

Die Rüben werden in Streifen geschnitten, im eigenen Saft mit wenig Butter und Weißwein gar gedünstet und mit Pfeffer, Thymian und Petersilie gewürzt. Die Apfelscheiben extra in Butter weich schmoren, jedoch ohne daß sie zerfallen. Sie werden mit den Rüben zusammen angerichtet und mit ganzen kleinen, gebackenen Kartoffeln umlegt.

Gelbe Rüben, Kohlrabi und Pfifferlinge

Für 4 Portionen:

500 g Möhren
500 g Kohlrabi
50 g Butter
einige EL Sahne
500 g Pfifferlinge
Salz
Pfeffer
Muskat

Die geputzten, in Streifen geschnittenen Möhren und Kohlrabi werden getrennt in Butter, mit wenig Wasser, gar gedünstet. Dann mischt man beide Gemüse, bindet sie mit etwas Sahne und gibt die in Butter gedünsteten Pfifferlinge dazu. Würzen und nochmals kurz aufkochen.

Grünkohl

Der Grünkohl wird in Dampf halbweich gekocht und etwas gehackt. Dann gibt man ihn mit etwas Piment, Nelken und vielen kleinen Zwiebeln oder Porree (Lauch) in geschmolzene Butter und dünstet das Gemüse fest zugedeckt gar, ohne es zu zerrühren. Man umlegt es mit Birnen, die in wenig Wasser gedämpft wurden.

Gurkengemüse

Für 4 Portionen:

4—5 schlanke Gurken
1 EL Butter
1 feingehackte Zwiebel
etwas Salz
¼ l saure Sahne

Die geschälten Gurken in fingerlange und -dicke Stücke schneiden und in Butter mit feingehackter Zwiebel und wenig Salz fast weich dünsten. Dann die Sahne zufügen und das Gemüse gar kochen.

Gurkengemüse mit Kapern

Für 4 Portionen:

4—5 schlanke Gurken
Salzwasser
1 EL Essig
8—10 Perlzwiebeln
1 TL Butter
1 gehäufter EL Kapern
1 Glas trockener Weißwein
⅛ l Sahne
1—2 Eigelb

Die Gurken schälen und in nicht zu kleine Stücke schneiden. In Salzwasser mit etwas Essig glasig kochen, worauf man das Wasser abgießt. Perlzwiebeln in Butter andünsten, zu den Gurken geben, Kapern zufügen und Weißwein darübergießen. Man legiert mit Sahne und Eigelb.

Kopfsalatgemüse

Die äußeren Blätter vom Kopfsalat geben ein schmackhaftes Schnellgericht. Man schneidet eine Zwiebel und dämpft sie in Öl. Dahinein gibt man die gewaschenen, grobgewiegten Salatblätter, bindet mit einigen Haferflokken und dämpft sie wenige Minuten. Mit wenig Salz abschmecken, mit Sahne anrichten. Als Gewürzkräuter passen Pfefferminze oder Kerbel.

Kohlrabi

Man schält die Knollen, schneidet sie in Scheiben und dämpft sie in Butter, bis sie gar sind. Wenig Salz, etwas Muskatblüte und Petersilie als Würze.

Kohlrabi in Tomatensauce

Für 3—4 Portionen:

6—8 Kohlrabi
Salzwasser
250 g Tomaten
1 Zwiebel
Pfeffer
Speisewürze
2 EL saure Sahne

Kohlrabi schälen. Die Schalen nicht fortwerfen, sondern mit wenig kaltem Wasser zusetzen und zum Kochen bringen. Die Schalen herausnehmen, Wasser leicht salzen und darin die in Scheiben geschnittenen Kohlrabi weich kochen, bis die Flüssigkeit verdampft ist. Dabei können die zerkleinerten Herzblättchen mitgekocht werden.
Geschälte Tomaten und Zwiebel im Mixer oder mit einem Schneidestab zerkleinern und mit den Gewürzen und Sahne gut durchkochen. Wer die Sauce feiner wünscht, streicht sie noch durch ein Sieb. Dann gießt man sie über die Kohlrabi.

Pastinaken (ohne Fett)

Diese den Petersilienwurzeln ähnlichen Knollen werden geputzt, gewaschen und in Streifen geschnitten. Man dünstet sie in wenig, mit Zitronensaft angesäuertem Salzwasser, da sie sehr süß schmecken. Beim Anrichten werden sie mit Petersilie bestreut.

Kürbis- oder Zucchinigemüse

Für 2 Portionen:

500 g Zucchini oder Kürbis
1 EL feingewiegter Dill
½ TL Paprika
1 kleine, feingewiegte Zwiebel
Salz
3—4 EL Öl
einige EL saure Sahne

Die würfelig geschnittenen Zucchini oder Kürbis mit Dill, Paprika, Zwiebel und Salz in Öl dünsten. Kurz vor dem Anrichten saure Sahne unterrühren.

Lauch, gedämpft

Für 3 Portionen:

500 g Lauch
1 EL Butter
einige EL Milch
einige EL Sahne
Salz

Geputzten, gewaschenen und in halbfingerlange Stücke geschnittenen Lauch in Butter dämpfen. Etwas Milch und zum Schluß Sahne dazugeben. Abschmecken. Garzeit: ca. 20 Minuten.

Ragoutsauce

125 g Pilze und 125 g zerschnittene Tomaten werden jeweils für sich in etwas Öl weichgeschmort. Dann gibt man sie zusammen, läßt noch etwas einkochen und fügt ein wenig Wein, Hefewürze und Pfeffer hinzu.

Rote Rüben (Rote Bete)

Für 2 Portionen:

4 mittelgroße Rüben
1 Prise Salz
1 TL Butter
1 Lauchstengel
2 EL süße Sahne
½ TL gemahlene Lorbeerblätter
1 EL Essig

Die Rüben in schwach gesalzenem Wasser gar kochen und in Scheiben schneiden. Inzwischen bräunt man den ebenfalls in Scheiben geschnittenen Lauchstengel in Butter an. Dazu gibt man die geschnittenen Rüben, mischt Sahne, Lorbeerblätter und Essig darunter und läßt das Gericht nochmals warm werden.

Französisches Frühlingsessen

Feingeschnittene Schalotten, in Streifen geschnittene Kopfsalatblätter und frische Erbsen in Butter gar dämpfen. Ein wunderbares Schnellgericht!

Rosenkohl, gedämpft

Für 4 Portionen:

1 kg Rosenkohl
2 feingewiegte Zwiebeln
2 EL Öl
1 EL Butter
wenig Salz
Koriander
Dill

Den Rosenkohl zuvor in rohem Zustand versuchen: Ist der Kohl durch starke Düngung im Wachstum beschleunigt, so haftet ihm oft ein schlechter Geschmack an. Er muß dann abgebrüht werden. Kohl aus dem eigenen Garten kann gleich gedämpft werden. — In einen gut schließenden Topf setzt man die Zwiebeln mit Öl und Butter auf, bis sie glasig sind. Man gibt den gewaschenen Rosenkohl dazu und dämpft ihn 15—20 Minuten bei mäßiger Hitze. Nur im Bedarfsfall etwas Wasser zugeben; würzen. — Dazu kann man geschälte Kümmelkartoffeln oder Kastanien reichen.

Rotkraut (Blaukraut, Rotkohl)

Für 4 Portionen:

1 Krautkopf
1 Zwiebel
1 Petersilienwurzel
1 Sellerieknolle
3—4 EL Öl
1 Prise Salz
2—3 EL Essig
feingestoßene Nelken
½ TL Piment
1 EL Apfelmus

Krautkopf in feine Streifen schneiden, ebenso Zwiebel, Petersilienwurzel und Sellerieknolle. Die drei letzteren in Öl gut durchschwitzen lassen, das Kraut dazugeben und mit wenig Wasser fast weich dämpfen. Dann alle übrigen Zutaten unterrühren und das Kraut fertig dünsten.

Sauerkraut

Das gut aufgelockerte Kraut wird mit einem Stück Butter und einem feingeschnittenen Apfel in die Pfanne gegeben und angedünstet. Wenn notwendig, etwas heißes Wasser zufügen. Sobald das Kraut zum Kochen kommt, werden in Öl gedämpfte Zwiebeln daruntergemengt. Sofort anrichten.

Sauerampfer

Für 2 Portionen:

500 g Sauerampfer
viel Kerbelkraut
einige EL Sahne
1 Prise Salz
1 guter TL Butter

Vom Sauerampfer entfernt man die groben Stengel, wäscht die Blätter und wiegt sie unter reichlicher Zugabe von Kerbelkraut. Dann dünstet man sie leicht kurz an, gibt etwas Sahne hinzu, salzt und kocht vollends dick ein. Vor dem Anrichten rührt man noch frische Butter darunter.

Sauerkraut mit Tomaten, ohne Fett

Für 4 Portionen:

500 g Sauerkraut
500 g Tomaten

Das Sauerkraut wird mit dem Messer mehrmals durchgeschnitten. Dann dünstet man die Tomaten weich, passiert sie durch und mischt sie unter das Kraut. Das Ganze wird ohne weitere Gewürze gedünstet. Sehr empfehlenswert!

Sauerkraut in 5 Minuten

Für 2 Portionen:

50 g Öl
250 g Sauerkraut
½ Glas Weißwein oder Most oder 1 EL Kirschwasser
blaue Trauben nach Wunsch

Es ist nicht notwendig, Sauerkraut stundenlang zu zerkochen. Man läßt Öl in einer Kasserolle heiß werden, schneidet das Sauerkraut kreuz und quer durch, zerzupft es und gibt es zu dem Öl. Auf starkem Feuer anbraten und kurz vor dem Anrichten mit Weißwein, Most oder Kirschwasser übergießen. Man kann es mit frischen blauen Weinbeeren belegen.

Selleriegemüse

Für 2 Portionen:

500 g Sellerieknollen
10 g Butter
etwas Salz

Sellerieknollen sauber waschen, bürsten und mit der Schale auf grober Raffel reiben. In einem gut verschlossenen Topf mit Butter 15—20 Minuten lang dünsten. Man reicht dazu bunte Salate oder Gemüsebeilagen.

Sellerie (ohne Fett)

Für 2 Portionen:

500 g Sellerieknollen
2 Tomaten oder 1 EL zuckerfreies Tomatenmark
1 kleine geriebene Zwiebel
1 Prise Salz
2 EL feingewiegte Kräuter

Sellerieknollen sauber waschen, bürsten, würfeln und ankochen. Dann mit weichgedünsteten Tomaten oder Tomatenmark, geriebener Zwiebel und Kräutern unter Beigabe von wenig Wasser fertigkochen.

Sellerie in Madeirasauce

250 g Sellerie
20 g Butter
Pfeffer
1 EL Petersilie
3 EL Madeira

Sellerie waschen und in Achtel teilen. 10 Minuten kochen, wobei das Wasser fast verdampfen sollte. Dann fügt man Butter, Petersilie, Pfeffer und Salz zu und läßt darin die Selleriestücke schmoren, bis sie gelblich sind. Vor dem Anrichten Madeira zufügen.

Schwarzwurzeln

Pro Person werden 500 g fingerdicke Schwarzwurzeln in Wasser abgebürstet und mit der Schale in heißem Salzwasser aufgesetzt. Sind sie gar, werden sie abgegossen und gepellt. Das Pellen geht überraschend leicht und schnell. Bis zum Anrichten stellt man die Schwarzwurzeln warm. Beim Auftragen werden sie wie Spargel auf einer Platte angeordnet und mit brauner Butter übergossen. So zubereitet haben sie einen starken Eigengeschmack, der jegliches Würzen überflüssig macht.

Stielmus (norddeutsch)

Für 2—3 Portionen:

1 kg Rübstiele
2 TL Hefebrühe
ca. 1/4 l Wasser
Petersilie
1 feingehackte Zwiebel
40 g Butter
Pfeffer
feingehackte Sellerieblätter

Man streift die dunkelgrünen Blattspreiten von den Stengeln ab, faßt letztere in Bündeln zusammen und schneidet sie in 4 cm lange Stücke. Darauf kocht man sie in Brühe mit Petersilie und wenig feingehackten Sellerieblättern weich und kurz ein. Inzwischen schwitzt man in einer Kasserolle feingehackte Zwiebel mit Butter an. Die Rübstiele dazugeben und mit Pfeffer abschmecken. Einige Kartoffeln kann man — wenn erlaubt — gleich mitkochen.

Spargel

Für 2 Portionen:

1 kg Spargel
Salz
etwas Butter

Spargel waschen und sorgfältig schälen. Die Schalen wirft man nicht fort, sondern setzt sie mit kaltem Wasser aufs Feuer und läßt sie gut aufkochen. Mit der so gewonnenen kräftigen Brühe bedeckt man den Spargel und fügt Salz und etwas Butter zu. Mäßig stark kochen.
Dazu passen als Beilagen: Schinken, zerlassene Butter, Blattsalat und Pellkartoffeln.

Spargelsalat

Für 4 Portionen:

1 kg Spargel
Saft von 1 Zitrone
3 EL Öl
Ingwer
Pfeffer
Salz
Butter

Spargel wie oben kochen, auskühlen lassen und auf einer Schüssel anrichten. Dann wird er mit einer Marinade aus Zitronensaft, Öl, Ingwer und Pfeffer übergossen. Für mehrere Stunden kalt stellen.

Spinat, Mangold

Für 3—4 Portionen:

1 kg Spinat oder Mangold
20 g Butter
1 feingeschnittene Zwiebel
Muskatnuß
etwas Salz und Pfeffer
evtl. zum Andicken Weizenkeime

Beide Blattgemüse können auf dieselbe Art zubereitet werden: Ohne Wasser aufs Feuer stellen, bis die Blätter zusammengefallen sind. Dann klein hacken oder durch die Maschine drehen. Zwiebel in Butter bräunen, Spinat oder Mangold zufügen und würzen. Alles gut durchmischen, aber nicht mehr kochen lassen, da es sonst zu dünnflüssig wird. Zum Andicken können Weizenkeime genommen werden.

Spinat (ohne Fett)

Für 2 Portionen:

500 g Spinat
1 guter TL gehackter Liebstöckel oder Speisewürze
etwas Curry
Salz
reichlich geriebener Parmesankäse

Spinat in wenig Wasser dämpfen und, ohne ihn auszudrücken, fein wiegen. Mit Liebstöckel oder Speisewürze, Curry und Salz abschmecken. Beim Anrichten mit Parmesankäse überstreuen.

Tomaten (ohne Fett)

250 g Tomaten
1 EL gehackte Petersilie
½ gehackte Zwiebel
1 Prise Salz

Kleine, feste Tomaten verwenden. Waschen, in einen Topf mit Wasser geben, so daß sie ganz bedeckt sind. Dazu Petersilie und gehackte Zwiebel geben und 15 Minuten köcheln, ohne daß sie aufplatzen. Solche Tomaten lassen sich auch gut zum Garnieren verwenden.

Weißkraut in saurer Sahne

Für 3 Portionen:

500 g Weißkraut
etwas Hefeextrakt
Pfeffer
Kümmel
1/10 l saure Sahne

Weißkraut in feine Streifen schneiden und in wenig Wasser mit etwas Hefeextrakt dämpfen. Sobald es gar und die Brühe eingekocht ist, wird es mit den übrigen Zutaten vermischt. Um das Gemüse leichter verträglich zu machen, wird es zuvor in warmes Wasser gelegt, damit die blähenden Bestandteile entzogen werden.

Gefüllter Wirsingkohl

Für 4 Portionen:

1 Wirsingkopf
Suppengrün (Wurzelwerk)
1 Kräuterbündel
Pfeffer
Salz

Kräuterfarce:
250 g Spinat
2 EL feingewiegte Kräuter
1—2 EL Öl
1 EL Leinsamenflocken
oder gemahlene Nüsse
Butterflöckchen
geriebener Käse
saure Sahne
Kokosflocken

Wirsing gut waschen, in Salzwasser blanchieren und dann vorsichtig auseinanderlegen, so daß nur ein kleines Herz geschlossen bleibt.
Zur Kräuterfarce dämpft man feingehackte Spinatblätter und Kräuter in Öl und vermischt alles mit Leinsamenflok-

ken oder gemahlenen Nüssen zu einer streichfähigen Masse. Mit dieser bestreicht man Blatt für Blatt des Wirsingkopfes. Dann setzt man ihn wieder zusammen und umwickelt ihn mit einer Schnur, damit er Halt bekommt. Man legt ihn in eine Kasserolle, fügt Suppengrün, Kräuterbündel, Pfeffer und das zum Blanchieren verwendete Wasser bei und dämpft den Kohlkopf gar.
Zum Anrichten legt man den Kohl vorsichtig auf einen feuerfesten Teller, streut obenauf Butterflocken und geriebenen Käse und läßt ihn im Ofen Farbe nehmen. Einen Teil der Sauce dickt man mit saurer Sahne und Kokosflocken und reicht sie dazu.

Wirsinggemüse

Für 3 Portionen:

500 g junger zarter Wirsing
2—3 EL Öl
1 Prise Salz
1 TL Kümmel
Speisewürze
Pfeffer
1 TL Butter

Den Wirsing fein hobeln und in Öl mit wenig Wasser in 25—30 Minuten gar dämpfen. Würzen und 1 Stück frische Butter dazu geben.

Herbst- und Wintergemüse, die als Hauptmahlzeit zusammenpassen

Grünkohl mit Kohlrüben

Die Kohlrüben werden gebürstet und leicht in Butter angebräunt. Man füllt mit Wasser auf und dämpft gar. Grünkohl vom Tag vorher wird als Kranz um die Kohlrüben gelegt. Dazu reicht man, soweit erlaubt, Kartoffeln.

Tomaten mit Apfelsauce und Endivien

Für 2 Portionen:

500 g Tomaten
2 EL Öl
1 Endivie

Zur Sauce:
250 g Äpfel
2 EL Sahne
20 g Butter
1 EL geriebener Meerrettich

Die Tomaten enthäuten (oder säubern und in der Schale lassen) und in Öl leicht anbraten. Eine Endivie auseinanderpflücken und rosettenartig auf einen großen Teller legen. Darauf werden die Tomaten angerichtet. Zur Sauce reibt man die Äpfel mit der Schale und mischt sie sogleich mit Sahne, um sie am Verfärben zu hindern. 50 g

Butter schmelzen und Meerrettich sowie die geriebenen Äpfel dazugeben. Diese Sauce wird so über Tomaten und Endivienblätter gegossen, daß hier und da noch rote und grüne Stellen freibleiben. Die angerichtete Schüssel lasse man noch 10 Minuten an heißer Stelle durchziehen. Wenn erlaubt, Kartoffelbrei dazu reichen.

Topinambur, algerisch

Die Knollen werden wie Kartoffeln in Salzwasser gekocht, durchgestrichen und mit 1 Tasse Kastanienmus, etwas Butter und 1 EL Sahne vermischt. Nach dem Erkalten muß die Masse so dick sein, daß sich daraus flache Klöße formen lassen. In gut geschlagenes Ei tauchen, in Kleie oder Vollkornschrot wälzen und in sehr heißem Öl in der Pfanne ausbacken.

Topinambur, Pariser Art

Für 2 Portionen:

400 g Topinambur
wenig Salz
1/10 l süße Sahne
Senf
Zitronensaft

Die Knollen schälen, in Würfel schneiden und vorkochen. Das Wasser soll fast verdampfen. Man füllt mit süßer Sahne auf, kocht gar und würzt mit Senf und Zitronensaft.

Sellerie mit Äpfeln und Pilzen

Für 4 Portionen:

2 mittelgroße Sellerie-knollen
2 etwa gleich große Äpfel
4 EL Öl
500 g Pilze
1 EL Butter
1 Prise Salz und Pfeffer

Sellerie und Äpfel putzen und in Scheiben schneiden. Zuerst die Selleriescheiben ins heiße Öl geben. Sind sie fast weich gebacken, fügt man die Apfelscheiben hinzu und läßt beides zusammen weich werden. Sellerie und Äpfel müssen jedoch ihre Form behalten! Man richtet sie in der Mitte einer Schüssel an und gibt die in Butter gebratenen und abgeschmeckten Pilze hinzu.

Gedämpfte Zwiebeln und Karottengemüse

Für 4 Portionen:

500 g weiße Zwiebeln
500 g Karotten
Salz
2 EL Fett
etwas Kümmel
1/8 l Sahne
1 EL Butter
1 EL gehackte Petersilie

Die Zwiebeln schälen, heiß überbrühen, mit Salz, 2 EL Fett und etwas Kümmel gar dämpfen. Die sich bildende Sauce wird mit Sahne gebunden (das zum Überbrühen gebrauchte Wasser aufbewahren, es paßt zu vielen Gemüsen). Halbierte Karotten in Butter mit wenig Wasser gar dämpfen. Im letzten Augenblick etwas gehackte Petersilie darüberstreuen. Beim Anrichten stellt man die Zwiebeln auf eine Platte und füllt die Zwischenräume mit Karotten auf.

Rosenkohl und Schwarzwurzeln

Für 4 Portionen:

500 g Schwarzwurzeln
1 EL Butter
etwas Muskatblüte
1 EL Milch
etwas Salz

500 g Rosenkohl
1—2 EL Butter
Salz
Pfeffer
1 EL gehackte Petersilie und Liebstöckelblätter

Die geschabten Schwarzwurzeln in fingerlange Stücke brechen und mit wenig schwach gesalzenem Wasser, 1 EL Butter und etwas Muskatblüte dämpfen. Die Milch gibt man zu, um den Schwarzwurzeln eine schöne Farbe zu verleihen.
In einem anderen Topf läßt man den Rosenkohl in Butter mit wenig Wasser, Salz, Pfeffer, Petersilie und Liebstöckel gar dämpfen. Beim Anrichten legt man die beiden Gemüse getrennt, grün und weiß, auf eine Platte.

Beilagen

Bratäpfel, pikant gefüllt

Pro Person:

1 großer Apfel

Perlzwiebeln
Selleriestückchen
Fett

Aus gereinigten, ungeschälten Äpfeln wird das Kernhaus ausgestochen. Die Höhlung füllt man mit gekochten Perlzwiebeln oder Selleriestückchen aus. Dann setzt man die Äpfel in eine feuerfeste, gefettete Schüssel und bäckt sie langsam gar, ohne daß sie zerfallen.

Auberginen, italienische Art (Melanzane)

Die Früchte waschen und mit der Schale der Länge nach in dünne Scheiben schneiden, salzen und pfeffern. Diese in eine Tonform füllen, in der sie später auf den Tisch gebracht werden können. Sie werden mit geriebenem Parmesankäse bestreut, mit Öl begossen und bei mäßiger Hitze im Ofen gar gebacken. Einige Blättchen Basilikum geben diesem italienischen Gericht die richtige Würze.

Blumenkohlrosetten, fritiert

Halbweich gekochter Blumenkohl wird in Rosetten zerlegt. Diese werden in einem Eierkuchenteig aus Sojamehl gewendet und in einem Bad von Öl oder Kokosfett rasch goldgelb ausgebacken. Man läßt die Rosetten abtropfen und richtet sie an.

Gebackener Käse

Emmentaler Käse wird in 1 cm dicke Scheiben geschnitten, die man zuerst in Ei, dann in Kleie wälzt und in heißem Öl rasch fertig bäckt.

Pfannkuchen mit Bohnen

Aus 3 EL Kleie, 2 Eiern und dem notwendigen Wasser bereitet man einen dünnflüssigen Teig und bäckt daraus von beiden Seiten braune Pfannkuchen. Je dünner die einzelnen Pfannkuchen ausfallen, desto besser sind sie. Sie werden mit gekochten grünen Bohnen gefüllt, zugeklappt und mit dicker Tomatensauce übergossen.

Steinpilze

Die verlesenen, rasch gewaschenen Steinpilze trennt man von den Stielen, schneidet letztere klein und brät sie mit Butter und feingeschnittenen Zwiebeln an. Dann erst gibt man die geschnittenen Köpfe dazu, weil sie rascher gar sind. Pilze müssen bei guter Hitze schnell gebraten werden, sonst sind sie nachher hart.
Pfeffer, Raute und Petersilie passen als Gewürze besonders gut zu Steinpilzen.

Gratinierte Champignons

Große Champignonköpfe werden umgekehrt auf den Rost gesetzt, die so entstandenen Schalen füllt man mit einer Masse aus den fein zerschnittenen Stielen, vermischt mit einer zerdrückten Knoblauchzehe und gehackter Petersilie, bedeckt sie mit geriebenem Käse und überbäckt sie.

Champignonsauce

Kleine, noch geschlossene Köpfe von Champignons werden von oben nach unten in dünne Scheiben geschnitten, so daß jede Scheibe die Form des Pilzes hat. Danach brät man sie in Butter mit sehr feingeschnittenen Zwiebeln, einer Knoblauchzehe und Pfeffer, löscht mit Wasser ab und legiert zum Schluß mit einem in Sahne verquirlten Eigelb.

Chicoréegemüse

Man entfernt den bitteren Strunk der Chicoréekolben, indem man ihn mit einem spitzen Messer keilförmig herausschneidet. Dann legt man mehrere Kolben nebeneinander in eine gefettete Kasserolle, fügt etwas Wasser, den Saft von ½ Zitrone sowie einige Sellerie- und Petersilienblätter hinzu und läßt das Gericht, fest zugedeckt, gar werden. Zum Schluß mit geriebenem Käse bestreuen und diesen bei geschlossenem Deckel zerlaufen lassen.

Fenchel

Die Knollen werden gereinigt, in wenig Wasser gekocht und in Stücke geschnitten. Diese werden mit geschlagener Sahne und geriebenem Käse gemischt, in eine Auflaufform gegeben, mit Kleie, geriebenem Käse und Butterflöckchen bedeckt und überbacken.

Schwarzwurzeln, paniert

Für 4 Portionen:

500 g Schwarzwurzeln
1 kleines Glas Milch
Salz
Ei
Kleie
Öl zum Ausbacken

Schwarzwurzeln putzen, in fingerlange Stücke schneiden und in leicht gesalzenem Wasser mit Milch weich kochen. In Ei, dann in Kleie wälzen und in heißem Öl herausbacken.

Kohlrabi, gefüllt

Für 4 Portionen:

4 Kohlrabi
150 g Pfifferlinge
1 EL Butter
Salz
Pfeffer
einige Blättchen feingehackte Pfefferminze
3 EL Öl

Kohlrabi schälen, halbweich kochen und aushöhlen. Das Innere wird feingehackt und mit 150 g in Butter gedämpften, abgeschmeckten Pfifferlingen, unter Zugabe von Pfefferminze, gemischt. Damit füllt man die vorbereiteten Kohlrabi, setzt sie nebeneinander in eine feuerfeste Form, gießt etwas Öl darüber und bäckt sie gar.

Gebackene Kürbisschnitten

Sie sind preiswert und eine angenehme Abwechslung. Man schneidet geschälten Kürbis in fingerlange und -dikke Streifen, bestreicht diese mit Hefeextrakt, wendet sie in Sojamehl, danach in geschlagenem Ei und schließlich in Kleie. Letztere muß fest angedrückt werden. In schwimmendem Fett ausbacken.
Statt Kleie kann man auch geriebenen Käse verwenden. Damit lassen sich die Schnitten auch sehr gut auf dem Rost backen.

Maiskolben als Sonntagsfüllung

Für 6 Portionen:

2 junge Maiskolben
1—2 EL Butter
2 EL saure Sahne
2 EL Wasser
etwas Salz
etwas Basilikum
Petersilie

Man streift die Körner reihenweise ab und dämpft sie in den übrigen Zutaten gar.
Gut eignet sich diese Füllung für Zucchini: Eine 5 cm dicke Zucchinifrucht wird in 4 cm lange Stücke geschnitten. Diese höhlt man so aus, daß ein Boden bleibt, und füllt sie mit den Maiskörnern. Die Stücke werden nebeneinander in einen Topf mit Öl gestellt und zugedeckt gar gedämpft.

Mais mit Kräutersauce

Junge Maiskolben, deren Blätterhülle noch grün sein soll, werden von dieser und den Fäden befreit und in wenig Wasser in 20 bis 30 Minuten gar gekocht. Dazu reicht man frische Butter oder Kräutersauce.

Paprikaschoten

Für 4 Portionen:

4 große grüne Paprikaschoten
1 dicke Zwiebel
1—2 Tomaten
1 Kopfsalat
je 2 Stengel Basilikum
Majoran
Rosmarin
reichlich Salbei
3 gehäufte EL Sojamehl
Pfeffer
Muskat
1—2 EL Eigelb
etwas Kleie
2 geschlagene Eiweiß
Öl

Aus den Schoten schneidet man die Stengel rund heraus und zieht aus dieser Öffnung mit einer Gabel Samenkörner und Mark heraus. Gut spülen! Zwiebel, Tomaten, die grünen, zum Salat ungeeigneten Blätter des Kopfsalates und die Kräuter werden mit der Maschine zerkleinert, sodann unter Zugabe von Wasser und 3 gehäuften EL Sojamehl erhitzt. Die Masse vom Feuer nehmen, mit Pfeffer und Muskat würzen, mit Eigelb und Kleie festigen. Kurz vor dem Anrichten den geschlagenen Eischnee darunterziehen. Die nicht zu voll gefüllten Paprikaschoten werden in Öl gewendet und auf dem Rost gebacken. Sie dürfen ruhig stellenweise leicht anbrennen, da sie dann am besten schmecken.

Pilzfüllung

Die zerschnittenen Pilze werden in Butter gar geschmort und in ausgehöhlte Tomaten gefüllt. Dann läßt man sie im vorgewärmten Backofen noch einmal rasch heiß werden. Mit etwas Zitronensaft beträufelt, serviert man sie als Vorgericht oder zur Gemüseplatte.

Pilzsülze

200 g Pilze
1 kleine Zwiebel
4 Nelken
2 Lorbeerblätter
je 5 weiße und schwarze Pfefferkörner
4 EL Essig
4 Blatt Gelatine
Öl
einige schöne Pilzstücke

Pilze und Zwiebel in Scheiben schneiden, mit Nelken, Lorbeerblättern, Pfefferkörnern sowie Essig in 1 Tasse Wasser kochen. Sie sind bald gar. Vom Feuer nehmen, die Lorbeerblätter entfernen, die durchgesiebte Brühe mit Gelatine dicken. Eine Schüssel ausölen, mit schöngeformten Pilzstückchen belegen und den Rest der Schüssel darübergeben. Sehr kühl stellen und kurz vor dem Anrichten stürzen. Senf und Mayonnaise passen gut dazu.

Rostgebackenes

Sellerie, rote und gelbe Rüben lassen sich sehr gut auf dem Rost backen. Nur einwandfreies Gemüse verwenden. Man reinigt es, ohne dabei die Wurzel- und Blattansätze allzu knapp anzuschneiden, damit später der Saft nicht ausläuft. Die Knollen werden in Öl gewendet und auf dem Rost im Ofen oder im Grill gegart. Zu den roten Rüben gibt man Zitronenviertel. Gelbe Rüben schmekken mit saurer Sahne sehr gut.

Rote Rüben, gefüllt

Für 4 Portionen:

4 rote Rüben
2 Paprikaschoten
10 g Butter
1 feingeschnittene Zwiebel
2 EL gekochte weiße Bohnen
Salz
100 g Schweizer Käse am Stück
Öl

Die roten Rüben 30—40 Minuten im Dampfkochtopf kochen, abziehen und aushöhlen. Die gesäuberten Paprikaschoten entkernen, klein schneiden, mit Butter, etwas Wasser, Salz und Zwiebel dämpfen. Die weißen Bohnen daruntermischen, die Rüben damit füllen. Mit je einem Stück Schweizer Käse verschließen, nebeneinander in eine feuerfeste Schüssel setzen und mit etwas Öl übergießen. Leicht backen, bis der Käse gebräunt ist und schmilzt.

Gebratener Sellerie

Sellerie wird in Salzwasser gekocht, geschält, in Scheiben geschnitten; mit Soja und Kleie paniert und in Butter hellgelb gebacken.
Paßt gut zu Rindfleischgerichten.

Sellerieplätzchen

1 Teller roher, geriebener Sellerie
1 Ei
Salz
Backfett

Der Sellerie wird mit dem geschlagenen Ei gut durchgemischt. Diese Masse gibt man eßlöffelweise in eine Pfanne und bäckt sie wie Kartoffelpuffer; nur wendet man sie nicht so häufig, da sie sonst leicht auseinanderfallen.

Sellerieschnitten

Für 4 Portionen als Beilage:

1 dicke Sellerieknolle
Salzwasser
4 Scheiben Emmentaler
1 EL Sojamehl
4—6 EL geriebener Käse

Sellerieknolle mit Bürste und Wasser gründlich reinigen, dann in Salzwasser gar kochen. Nun streift man, noch heiß, die Schale ab und schneidet die Knolle in 8 dünne Scheiben. Auf 4 davon legt man je 1 Scheibe Käse und deckt mit den übrigen Scheiben zu. Sojamehl und Wasser mischen, die Schnitten darin wenden und schließlich von allen Seiten in geriebenem Käse wälzen. Auf einen feinstäbigen Grill legen — Fettpfanne daruntersetzen! Bei guter Backhitze rasch Farbe nehmen lassen, damit der Käse keine Zeit zum Abtropfen findet.

Spinatplätzchen

Für 1—2 Portionen:

250 g Spinat
1 Prise Salz
Muskat
Speisewürze
3 EL Kleie
3 Eier, getrennt
Öl zum Backen

Spinat putzen, waschen und — tropfnaß — in einer heißen Pfanne zusammenfallen lassen. Eventuell noch vorhandenes Gemüsewasser ausdrücken, den Spinat zerkleinern. Mit Kleie, Eigelb, Muskat und Speisewürze vermischen, kurz vor Gebrauch den steifgeschlagenen Eischnee unterziehen. Daraus kleine Kuchen formen, die man in der Pfanne in Öl schön braun brät, ohne sie zu oft zu wenden, da sie sonst zerbrechen.

Spinatring

Für 4 Portionen:

1 kg Spinat
Salz
Liebstöckel oder Speisewürze
Muskat
125 g geriebener Käse
1 geschlagenes Eiweiß
etwas Butter
Kleie

Den tropfnassen Spinat in einem heißen Topf zusammenfallen lassen, anschließend durch die Fleischmaschine drehen oder mit einem Schneidestab zerkleinern, mit Liebstöckel oder Speisewürze und Muskat abschmekken. Mit Käse und dem geschlagenen Eiweiß vermischen. Man gibt die Masse in eine gebutterte, mit Kleie ausgestreute Ringform, stellt sie für 15 Minuten in den heißen Backofen und stürzt sie auf eine runde Platte. In den freien Mittelraum wird ein helles Gemüse, wie z. B. Blumenkohl, Schwarzwurzeln oder Spargel, gehäuft.

Steinpilzauflauf

Für 4 Portionen:

500 g Steinpilze
400 g Schalotten
25 g Butter oder Öl
Zitronensaft
3 EL feine Kräuter (Estragon, Kerbel und Schnittlauch)
etwas Salz und Pfeffer
100 g geriebener Käse
einige Butterflöckchen

Die Steinpilze (möglichst frische) werden in Scheiben geschnitten und zusammen mit den feingehackten Schalotten in Öl angebraten. Mit Zitronensaft und den gehackten Kräutern würzen und in eine Auflaufform geben. Reichlich mit geriebenem Käse bestreuen, mit Butterflöckchen bestecken und im Backofen bei Mittelhitze braun backen.

Gefüllte Tomaten

Tomaten aushöhlen, das Mark durch ein Sieb streichen. Dann dämpft man feingewiegte Zwiebeln, Petersilie und kleingeschnittene Pilze in Öl und gibt Pfeffer und das Tomatenmark dazu. In die ausgehöhlten Tomaten füllen, in eine feuerfeste Schüssel setzen, Käse darüberstreuen und 20 Minuten im Backofen garen.

Tomaten-Zwiebel-Gemüse

Für 4 Portionen:

500 g Zwiebeln
500 g Tomaten
1 Prise Salz
1 Prise Pfeffer
2 EL Öl

Die feingeschnittenen Zwiebeln läßt man in Öl glasig werden, gibt die in Scheiben geschnittenen Tomaten darauf, dämpft alles zugedeckt und würzt mit etwas Salz und Pfeffer.

Tomatenscheiben, gebraten

½ cm dicke Tomatenscheiben werden in geschlagenem Ei gewendet und in Butter gebraten.

Zucchiniauflauf

Den feinsten Geschmack haben kleine Früchte! Sie werden ungeschält in fingerlange und -dicke Stücke geschnitten, dann mit wenig Butter, Salz und Wasser halbgar gedämpft. In eine Auflaufform füllen, geriebenen Käse und Butterflocken darüberstreuen und den Auflauf braun backen.

Gekochte Zwiebeln

Mittelgroße weiße Zwiebeln werden in halb Wasser, halb Milch mit etwas Salz weichgekocht. Farbige Gemüseplatten damit ergänzen. Spanische Zwiebeln sind übrigens weniger scharf.

Meerrettich mit Sahne

(oder Sahnemeerrettich)

2—3 EL geriebener Meerrettich mit einer Tasse Schlagsahne vermengen. Gut zu Fischgerichten (besonders fein zu Räucherfisch!) und Rindfleisch.

Hülsenfrüchte

Bohnengemüse

Für 4 Portionen:

500 g weiße Bohnen
2—3 in Würfel geschnittene gelbe Rüben
1 kleingewürfelte Zwiebel
300 g Tomaten
etwas Salz
evtl. 1 Stückchen Butter zum Verfeinern

Die Bohnen über Nacht einweichen, dann mit Rüben, Zwiebelstückchen und den pürierten Tomaten gar kochen. Salzen. Mit Butter nach Belieben verfeinern. Statt der Tomaten kann auch ungesüßtes Apfelmus genommen werden.

Bohnenschnitten

Für 2 Portionen:

250 g weiße Bohnen
etwas Salz
Bohnenkraut
Selleriegrün
Pfeffer
1—2 geschlagene Eiweiß
2—3 EL Kleie
Öl zum Ausbraten
nach Wunsch 1 Knoblauchzehe

Die Bohnen über Nacht einweichen, gar kochen und durchpassieren. Mit Bohnenkraut, Selleriegrün, Pfeffer und etwas Salz würzen. Schnitten formen und auskühlen lassen. In geschlagenem Eiweiß und Kleie panieren, rasch in Öl braten, in dem man vorher, wenn man's mag, eine Knoblauchzehe hat braun werden lassen.

Rote oder bunte Bohnen

Für 4 Portionen:

500 g weiße Bohnen
Salz
15 g Butter
1 Glas Rotwein
etwas Thymian

Die über Nacht vorgeweichten Bohnen werden mit frischem Wasser und Salz etwa 1 Stunde lang gekocht. Dann dämpft man sie mit Butter, Rotwein und Thymian so lange, bis der Wein eingekocht ist.

Weiße Bohnen in der Bratröhre

Für 4 Portionen:

500 g Bohnen
etwas Zitronensaft
1 Lorbeerblatt
1 Zwiebel, mit 1 Nelke besteckt
2 kleine Zweige Bohnenkraut
Salz
Butter zum Ausstreichen
2 EL geriebener Käse
⅛ l Sahne

Die vorgeweichten Bohnen werden mit frischem Salzwasser aufgestellt. Als Gewürz fügt man Zitronensaft, Lorbeerblatt, Zwiebel mit Nelke und Bohnenkraut zu. Vorsichtig weich kochen, so daß sie nicht zerfallen. Dann das Kochwasser abschütten. In eine mit Butter ausgestrichene Auflaufform geben, mit Käse bestreuen, mit Sahne überziehen und 10 Minuten bei guter Hitze in der Bratröhre ziehen lassen.

Erbsenbrei

Für 4 Portionen:

500 g grüne Erbsen
Salz
1 EL Fett
1 Stück Sellerie
1 Knoblauchzehe (kann entfallen)
2 EL gehackte Petersilie
etwas Hefewürze

Die Erbsen über Nacht einweichen. Morgens setzt man sie rechtzeitig mit Wasser, Fett, Sellerie, Knoblauchzehe und Petersilie zu. Langsam und gleichmäßig kochen, bis sie gar sind und zerfallen. Dann gibt man sie auf ein Sieb (das erste abfließende Gemüsewasser beiseite stellen) und drückt sie durch. Mit Hefewürze (im Reformhaus erhältlich) abschmecken. Ist der Brei zu fest, rührt man noch etwas von dem Gemüsewasser zu. Da er leicht anbrennt, stellt man ihn zum Warmhalten in ein Wasserbad.

Linsensalat

Die Linsen werden mit genügend Wasser gekocht, bis sie weich sind. Noch warm werden sie mit 1 EL Öl, 1 EL Essig, 1 geriebenen Zwiebel, etwas weißem Pfeffer und Salz gewürzt. Kalt servieren.

Linsen mit Steckrüben

Für 2—3 Portionen:

250 g Linsen
Salz
½ Sellerieknolle
1 Petersilienwurzel
1 Stange Lauch
1 EL Butter
2—3 Steckrüben
noch 1 TL Butter

Vorgeweichte Linsen zum Kochen aufsetzen. Dann Sellerie, Petersilienwurzel und Lauch in sehr feine Würfel schneiden, in 1 EL Butter schwenken und zu den Linsen geben. Dann schneidet man die geputzten Steckrüben in Stücke, dämpft sie in Wasser und etwas Butter weich, gibt sie zu den Linsen, schmeckt ab und läßt alles gar werden.

Linsenkoteletts

Für 2—3 Portionen:

250 g Linsen
2 Zwiebeln
etwas Majoran und Salbei
Salz
1 Ei
Kleie
Öl zum Backen

Vorgeweichte Linsen in Salzwasser gar kochen und durchpassieren oder mit dem Schneidestab pürieren. Überflüssiges Kochwasser vorher abtropfen lassen. Dann hackt man Zwiebeln, Majoran und Salbei und gibt diese unter die Linsenmasse. Kleine Kotelettchen daraus formen, abkühlen, in geschlagenem Ei und Kleie wälzen und in der Pfanne herausbacken.

Kastanien

Farçon, gefülltes Kraut

Für 4 Portionen:

250 g Weißkraut
8 große Weißkrautblätter
1 EL Öl
2 EL gehackte Petersilie
Basilikum
Estragon
Kerbel
1 Prise Salz
1 EL Sahne
250 g Kastanien (ohne Schale gewogen, also ca. doppelte Menge einkaufen)
ca. 30 g Butter

Die 250 g Weißkraut werden gar gekocht und fein gehackt. Dann fügt man Öl, Kräuter und Sahne zu und läßt das Kraut auskühlen. Gleichzeitig hat man die Kastanien weichgekocht und geschält. Diese werden jetzt unter das Kraut gemischt. Mit dieser Gemüsefarce bestreicht man jetzt die großen, zuvor blanchierten und auf Bindfäden ausgebreiteten Weißkrautblätter. Dann werden einige Späne Butter darübergeschabt, die Blätter zusammengerollt, festgebunden und in leicht gesalzenem Kohlwasser gedämpft (Strünke müssen weich sein).

Kastanienpüree

Für 4 Portionen:

500 g Kastanien, ohne Schale gewogen (mit Schale also fast doppelte Menge!)
1/8—1/4 l Milch
1 EL Butter
1/8 l Sahne

Die Kastanien mit heißem Wasser aufsetzen und kochen, bis sich Schale und Haut lösen. Beides entfernen (geht nur, solange die Kastanien noch heiß sind! Deshalb einzeln aus dem heißen Wasser nehmen und sich evtl. helfen lassen) und die Kastanien mit Milch wieder aufsetzen. Sobald sie weich sind, durch ein Sieb streichen oder mit einem Schneidestab bzw. im Mixer pürieren. Mit Butter und Sahne kräftig schlagen. So ist das Püree mild. Mag man es würziger, gibt man Pfeffer und Speisewürze zu.

Maronen und Äpfel

Für 4 Portionen:

500 g Kastanien
3—4 Äpfel
ungezuckerte Schlagsahne zum Verzieren
nach Belieben flüssiger Süßstoff

Die Maronen werden aufgesetzt mit leicht gesalzenem Wasser und gekocht, abgezogen und grob zerkleinert. Die Äpfel schälen, entkernen, in Scheiben schneiden und in wenig Wasser kochen. Nun die Maronen zugeben, alles gut vermischen und das Gericht kalt stellen. Mit ungesüßter Schlagsahne verzieren. Wer es süß mag, kann die Sahne mit einigen Tropfen Süßstoff schlagen.

Vermicelles

Für 4 Portionen:

500 g Kastanien
¼ l Milch
60 g Süßrahmbutter
1 EL abgezogene, gemahlene Mandeln
etwas Vanille
ungesüßte Schlagsahne
nach Wunsch etwas flüssiger Süßstoff

Die Kastanien in Wasser aufsetzen und kochen. Einzeln herausnehmen, Schale und Haut entfernen und dann in Milch weich kochen. Durch ein Haarsieb streichen und mit Butter, Mandeln und Vanille vermengen. Einfacher geht es natürlich im Mixer. Diese geschmeidige Masse in die Kuchenspritze geben, wobei man eine Scheibe mit mehreren kleinen Löchern verwendet. Kleine Häufchen auf einen Teller spritzen, in dessen Mitte man Schlagsahne gibt. Süßen wäre hier auch für Gesunde unnötig. Diabetikern mit Übergewicht ist diese Köstlichkeit allerdings nicht oder nur zum Kosten erlaubt.

Kastaniensalat

Für 4 Portionen:

500 g Kastanien
4 EL verdünnter Weinessig
125 g frische grüne Trauben
einige Stücke eingelegte rote Rüben
halbfette Mayonnaise nach Bedarf

Die gekochten Kastanien in Würfel schneiden und in Weinessig legen. Trauben und Stücke von roten Rüben dazugeben, mit Mayonnaise vermischen (nicht für Übergewichtige geeignet).

Sauerkrautpastete

Für 4 Portionen:

500 g Kastanien
1 Ei
60 g Butter
1 Tasse Milch
500 g Sauerkraut
etwas Salz
2 große Äpfel
1 EL Fett

Die Kastanien kochen, schälen und enthäuten, durchpassieren und mit Ei, Butter und Milch einen geschmeidigen Mürbteig bereiten, den man kalt stellt. Das Sauerkraut wird mit 1 EL Fett angeschmort, etwas gewürzt und in wenig Wasser weichgedämpft. Die Äpfel schneidet man in dicke Scheiben. Abwechselnd in eine Auflaufform Äpfel und Kraut und schließlich obenauf den Kastanienteig geben. Im Backofen bräunen.

Kastanien mit Äpfeln

Für 4 Portionen:

750 g Kastanien
Gemüsebrühe
500 g säuerliche Äpfel
geröstete Zwiebelringe

Die Kastanien in Gemüsebrühe fast gar kochen. Apfelviertel hinzufügen und so weit garen, daß die Bestandteile noch zu erkennen sind. Mit gerösteten Zwiebelringen verzieren.

Grünkohl mit Kastanien

Für 4 Portionen:

500 g Kohl
1 TL Fett
1 feingeschnittene Zwiebel
Salz
500 g Kastanien
Speisewürze
frischer Pfeffer

Der grobgeschnittene Kohl wird mit Fett und Zwiebel angeröstet und in wenig Wasser mit etwas Salz gedämpft. Die Kastanien werden geschält, zu dem Kohl gegeben und mit diesem nochmals aufgekocht. Mit Speisewürze und frischem Pfeffer abschmecken.

Haferspeisen

Haferflocken (frisch)

Grobe Haferflocken werden für 1 Stunde in kalter Milch eingeweicht und aufgetragen. Gut kauen!

Haferflockenbratlinge

Für 2 Portionen:

3 gehäufte EL Haferflocken
3 EL Quark
2 EL Kleie
1 EL Sojamehl
1 Zwiebel
1 Eigelb
Paprika
Salz
Nelkenpfeffer
1—2 Eiweiß
Butter zum Braten

Haferflocken, knapp mit Wasser bedeckt, über Nacht einweichen. Dazu gibt man Quark, Sojamehl, die glasig gedünstete Zwiebel (sehr fein geschnitten), Eigelb und Gewürze. Wenn nötig, noch mit einigen Flocken eindikken. Eiweiß steif schlagen, unter die Masse ziehen und kleine Küchlein in schwimmendem Fett ausbacken.

Tomatensauce

2 EL Haferflocken
½ l Wasser
20 g Butter
2 kleine gehackte Zwiebeln
500 g Tomaten
1 in Stücke geschnittene Paprikaschote
1 Basilikumzweiglein

Haferflocken in ½ l Wasser kochen. Inzwischen Butter erhitzen und Zwiebeln darin anbraten. Sobald sie schön braun sind, fügt man zerkleinerte Tomaten, in Stücke geschnittene Paprikaschote, Basilikum und die gekochten Haferflocken zu. Auf schwachem Feuer fertig kochen und zum Schluß durchsieben.

Sauerampfer als würzige Beilage

Für 1—2 Personen:

250 g Sauerampfer
1 EL Butter
Muskat
3 EL süße Sahne
1 gehäufter EL Haferflocken

Sauerampfer in Streifen schneiden und in Butter innerhalb 2 bis 3 Minuten gar dämpfen. Mit Muskat, Sahne und Haferflocken mischen.

Kerbelklöße

(als Beilage)

Für 2—3 Personen:

200 g Kerbel
200 g Sauerampfer
125 g Haferflocken
3 EL Öl
Salz
evtl. noch weitere Haferflocken
Gemüsebrühe
braune Butter

Haferflocken im Öl leicht anbraten und mit ¼ l Wasser dick aufquellen lassen. Kleingeschnittenen Kerbel und Sauerampfer dazufügen und noch so viele Flocken daruntermengen, bis die Masse fest ist. Salzen und kleine Klöße formen, die in Gemüsebrühe 10—15 Minuten lang ziehen müssen, bis sie gar sind. Herausnehmen und mit brauner Butter übergießen.

Knusprige Haferflockenkugeln

(als Beilage)

Für 2 Personen:

1 große Zwiebel
1 EL Öl
100 g Haferflocken
1 Prise Salz
Majoran
Öl zum Ausbacken

Die Zwiebel wird in Würfel geschnitten und in Öl gebräunt. Haferflocken hinzufügen und ebenfalls anbraten. Dann füllt man mit etwas Wasser auf und kocht unter ständigem Rühren einen dicken Brei. Diesen mit ganz wenig Salz und etwas Majoran würzen. Wenn er erkaltet ist, formt man walnußgroße Kugeln daraus, die in heißem Öl ausgebacken werden.

Meerrettichsauce

$^3/_4$ l Wasser wird mit Möhren- und Selleriestücken, Zwiebeln und Blumenkohlstengeln zum Kochen gebracht. Dann fügt man 1 EL Kleie und so viele Haferflocken hinzu, daß eine schöne sämige Sauce entsteht, die man durchsiebt und mit geriebenem Meerrettich und etwas Hefebrühe würzt. Warm als Sauce geeignet, kalt gut als Brotaufstrich.

Pilzklopse

Für 4 Portionen:

500 g Pilze
1 EL Butter
etwas Salz und Pfeffer
3 gekochte Kartoffeln (wenn erlaubt)
1 feingewiegte Zwiebel
1 EL Öl
Muskat
3—4 EL Haferflocken
Öl zum Ausbacken

Die Pilze werden geputzt, 10 Minuten lang in Butter gedämpft, gewürzt und mit den gekochten Kartoffeln durch die Maschine gedreht. Zwiebel in Fett dünsten und dazugeben (statt der Zwiebel kann man auch eine Pfefferschote nehmen), Muskat und Haferflocken zufügen, alles gut vermengen, Klöße formen, flachdrücken und in Öl braun backen.

Haferflocken mit Quitten

Für 4 Portionen:

250 g Quitten
4 EL Haferflocken
100 g grobgewiegte Mandeln
1 TL Butter

Die Quitten reinigen, schälen und in Scheiben schneiden. Zuerst kocht man die gereinigten Schalen, nimmt sie heraus und kocht in diesem Wasser die Quittenscheiben weich. Haferflocken und Mandeln in etwas Butter in der Pfanne rösten. In die Mitte einer Anrichteschüssel geben und ringsum die Quittenscheiben legen. Warm servieren.

Gefüllte Auberginen

Für 4 Portionen:

200 g Zwiebeln
1—2 EL Olivenöl
1—2 EL Haferflocken
etwas Pfeffer
gehackte frische Minze
1 EL feingehackte Petersilie
4 kleine Auberginen
Salz

Die Auberginen waschen, die Stengelansätze abschneiden, die Früchte längs halbieren und so aushöhlen, daß die Schale jeweils unverletzt bleibt. Das Fruchtfleisch in kleine Würfel schneiden.
Die Zwiebeln fein hacken, in Olivenöl gelblich dünsten, die Haferflocken mit dem Fruchtfleisch und den Zwiebeln vermischen und würzen. Diese Mischung in die ausgehöhlten Auberginen füllen, deren Deckel wieder aufsetzen und in eine gefettete Kasserolle stellen. Mit etwas Wasser übergießen und zugedeckt bei mäßiger Hitze ca. 30 Minuten weich dünsten.
Statt der Minze können Sie auch Oregano, Basilikum oder Thymian nehmen.

Kartoffelgerichte

Bei Kartoffelgerichten muß sehr genau nach den vom Arzt verordneten BE-Beschränkungen verfahren werden (siehe auch Kohlenhydrat-Austauschtabelle).

Gefüllte Kartoffeln

Für 4 Portionen:

4 große runde Kartoffeln
250 g Zwiebeln
1—2 TL Butter
1 EL Tomatenmark
1 Schuß Madeira
Muskat
Speisewürze
Salz

Die Kartoffeln schälen und aushöhlen. Damit sie gut stehen bleiben, schneidet man auch etwas vom Boden weg. 10 Minuten in Dampf vorkochen und dann in eine feuerfeste Form stellen. Feingeschnittene Zwiebeln in Butter dämpfen, mit Tomatenmark, Madeira, Muskat und Speisewürze mischen, diese Masse in die Kartoffeln füllen und die Deckel wieder auflegen. Etwas von dem leicht gesalzenen Kartoffelwasser darübergießen und das Gericht im Backofen unter öfterem Begießen 30 bis 40 Minuten garen.
Das Innere der Kartoffeln kann man raffeln und — je nach Masse — entweder mit zur Füllung verwenden oder einfach in der Form mitgaren, bzw. als Kartoffelrösti für gesunde Familienmitglieder zubereiten.

Überbackene Kartoffelnestchen

Ein ziemlich fester Kartoffelbrei wird ca. 1 cm dick in eine gefettete Auflaufform gestrichen, die übrige Masse füllt man in einen Spritzsack. Damit formt man auf dem Sockel kleine Nester, die verschieden gefüllt werden (Pilze, Erbsen, Karotten, Tomaten). Mit einigen Butterflöckchen bedecken und im Ofen leicht überbräunen.

Kartoffelauflauf mit Tomaten

Kartoffelbrei mit Pfeffer, Zwiebeln, Selleriegrün und Petersilie durchmischen. Dann streicht man eine feuerfeste Form gut mit Butter aus und füllt die Kartoffelmasse hinein. Von zwei mittelgroßen Tomaten zieht man die Haut ab, wendet sie in Öl und steckt sie so in den Kartoffelbrei, daß sie etwas herausschauen. Bei mittlerer Hitze im Ofen langsam bräunen. Eine stärkere Würzung ergibt 1 EL geriebener Meerrettich.

Kartoffelsalat mit Käse

Aus Pellkartoffeln mit vielen harmonierenden Kräutern und gehackter Zwiebel einen feinen Kartoffelsalat bereiten. Dann einen geeigneten Käse — am besten Neuchateler oder Emmentaler ohne Rinde oder auch Raclettekäse — im Ofen oder am Grill schmelzen, in Stücke schneiden und unter den noch leicht warmen Kartoffelsalat mischen.

Buttermilchkartoffeln

3 EL Sojamehl oder Leinsamenflocken
$^3/_8$ l Buttermilch
so viele Kartoffeln, wie pro Person und Mahlzeit erlaubt
etwas Salz
Petersilie
Schnittlauch
Kerbel oder Dill nach Belieben

Sojamehl oder Leinsamenflocken werden mit Buttermilch zu einer dicken, sämigen Sauce gekocht. Inzwischen hat man gekochte Kartoffeln in Würfel oder Scheiben geschnitten und läßt sie 15 Minuten lang in der Sauce leicht durchziehen. Kräuter verbessern Aussehen und Geschmack.

Geröstete Schupfnudeln

Am Tag zuvor gekochte, geschälte und geriebene Kartoffeln werden mit Sojamehl, Salz, Pfeffer und Muskat zu einem festen Teig geknetet. Daraus formt man fingerlange Nudeln, die man in einer Pfanne in Butter allseitig braun bäckt.

Salbeikartoffeln

Rohe mehlige Kartoffeln in Scheiben schneiden und mit Butter und etwas Wasser in eine Auflaufform geben. Salzen, wenig pfeffern und mit Salbeiblättern bestecken. Im Ofen bei 175 °C je nach Kartoffelsorte 55—65 Minuten backen.

Kartoffelrösti

Tags zuvor gekochte Pellkartoffeln werden grob geraffelt und mit Öl in eine Pfanne gegeben. Dann verquirlt man Milch mit geriebenem Käse, gießt sie darüber, rührt durch und bäckt alles auf kleiner Flamme, bis die Kartoffeln appetitlich braun sind.

Rösti aus rohen Kartoffeln

Die geschälten, geraffelten Kartoffeln gut salzen und pfeffern, in Sonnenblumen- oder Distelöl bei Mittelhitze in einer Pfanne braten und dabei mit einem Bratwender flachdrücken. Einen Deckel auflegen. Nach 15 Minuten ist eine Seite braun, den Fladen wenden und auf der anderen Seite in weiteren 15 Minuten braun braten. Eine leckere, schnelle Beilage!

Gratinierte Kartoffeln

Halbgar gekochte Pellkartoffeln werden geschält, in feine Scheiben geschnitten und schuppenförmig in eine flache Auflaufform gelegt. Man übergießt sie mit einer Mischung aus Sahne und Wasser (halb und halb), bestreut sie mit geriebenem Käse und läßt sie bei mäßiger Hitze im Ofen langsam garen, bis die Flüssigkeit aufgesogen ist. Die Oberfläche soll goldbraun gefärbt sein. Knusprig.

Gebäck

Auch der Diabetiker braucht auf süßes Gebäck nicht zu verzichten. Voraussetzung ist selbstverständlich, daß der in üblichen Rezepten enthaltene Zucker durch Diabetikerzucker oder Süßstoff ersetzt wird. An Diabetikerzukkern stehen Fruchtzucker (Fructose) und Sorbit, Markenname Sionon Diabetikersüße, zur Verfügung, beide sind koch- und backfest sowie streufähig und wie normaler Zucker zu verwenden. Fructose hat eine etwas höhere Süßkraft als Sionon; dessen Süßkraft entspricht durch Zufügen einer geringen Menge Süßstoff der von Zucker. Da Gebäck, das mit Fruchtzucker zubereitet wurde, schneller bräunt als üblich, ist die Backhitze zu reduzieren (ca. 175 °C). Beobachten Sie den Kuchen in den letzten Minuten und decken Sie ihn eventuell mit Alufolie ab.
Beide Diabetikerzucker sind in BE anzurechnen.
Süßstoffe gibt es in Tabletten oder in flüssiger Form; auf der Packung ist angegeben, wieviel Süßstoff der jeweiligen Zuckermenge entspricht, so daß Sie auch hier exakt dosieren können. Süßstoffe enthalten weder Kalorien noch Kohlenhydrate und sind daher insbesondere bei Übergewicht vorzuziehen. Die Zugabe von Süßstoff als Zuckerersatz eignet sich gut für Teige, deren Rezeptur ohnehin mit wenig Süßungsmittel auskommt, z. B. *Hefeteig* oder *Mürbeteige*. Für das Gelingen von *Biskuitteigen, Eischwerteigen* und *Rührteigen* ist allerdings eine lockere, gut aufgeschlagene Schaummasse aus Eiern und

Zucker notwendig; dafür ist Süßstoff nur bedingt geeignet. Besser wird hier Diabetikerzucker verwendet.
Brandteig ist in der Regel zuckerfrei. Zu bedenken ist jedoch, daß Sahne- und Cremefüllungen, wie für Windbeutel und Eclairs üblich, sehr kalorienreich sind. Ziehen Sie lockere Quark-Obst-Füllungen vor; sie schmecken ebenso gut.
Auch *Blätterteig,* den Sie als Tiefkühlprodukt kaufen können, ist zuckerfrei. Durch seinen Fettreichtum ist er aber ebenfalls kalorienreich.
Generell sollten Sie leichten Kuchen, z. B. Obstkuchen, den Vorzug vor fetten und üppigen Gebäcken geben. Sie finden daher in diesem Buch eine Reihe von leckeren Obstkuchenrezepten, während auf schwere Tortenrezepte verzichtet wurde.
Unter dem Kapitel »Die Diabetesdiät« (s. S. 9) wurde bereits auf die Bedeutung des Vollkorns, insbesondere auf den dadurch verlangsamten Anstieg des Blutzuckerspiegels, hingewiesen. In den Rezepten wurde daher Vollkornmehl verwendet. Ausführliches können Sie dazu dem Kapitel »Sind spezielle Diät-Lebensmittel zweckmäßig?« (s. S. 15) entnehmen.
Die Flüssigkeitszugabe, die ein Rezept vorschreibt, hängt stark von der Quellfähigkeit des verwendeten Mehls ab. Ganz allgemein verlangt ein Teig mit Vollkornmehl etwas mehr Flüssigkeit als einer mit weißem Mehl. Je nach Konsistenz des Teiges können Sie die Rezepte mit etwas Wasser- oder Milchzugabe ergänzen bzw. 1—2 EL Mehl weglassen.
Ein kleiner Teil der Mehlmenge kann durch Vollsojamehl ersetzt werden, dadurch reduziert sich der Kohlenhydratgehalt des Gebäcks etwas.

Grundrezepte für Obstkuchenteige
(Springform)

Der Obstbelag ist jeweils gesondert nach der Menge und Art des Obstes zu berechnen.

Hefeteig

Für 12 Stücke zu je 1 BE:

180 g Vollkornmehl
10 g Hefe
20 g Margarine
1 Ei
½ TL Süßstoff
ca. 75 ml Milch oder Wasser
abgeriebene Zitronenschale

Die Zutaten mit dem Knethaken des Handrührgerätes zu einem Teig verkneten und an warmer Stelle zu doppelter Höhe aufgehen lassen. Ausrollen, in eine gefettete Springform legen, einen kleinen Rand hochziehen, mit Obst nach Wahl belegen, nochmals 15 Minuten gehen lassen und bei Mittelhitze ca. 25 Minuten backen.

(12 BE)

Mürbeteig

Für 12 Stücke zu je 1 BE:

180 g Vollkornmehl
evtl. 1 Msp Backpulver
50 g Margarine
1 Ei
½ TL Süßstoff
ca. 50 ml Wasser

Die Zutaten mit dem Knethaken des Handrührgerätes oder auf einem Backbrett schnell zu einem Mürbeteig zusammenkneten (Flüssigkeit nach Bedarf zufügen), für 1 Stunde kühl stellen, ausrollen und in eine gefettete Springform legen. Mit Obst belegen und bei Mittelhitze 25 Minuten backen.

(12 BE)

Quark-Kuchenboden

Für 10 Stücke zu je 1 BE:

150 g Vollkornmehl
150 g trockener Quark
1 Ei
25 g Margarine
½ TL Süßstoff
½ Päckchen Backpulver

Zubereitung wie Mürbeteig.

(10 BE)

Linzer Mürbeteig

Für 10 Stücke zu je 1 BE:

160 g Vollkornmehl
25 g Vollsojamehl
20 g gemahlene Haselnußkerne
1 Ei
20 g Margarine
½ TL Zimt
1 Msp Nelkenpulver
½ TL Süßstoff
3—4 EL Wasser
1 TL Backpulver

Zubereitung wie Mürbteig.

(10½ BE)

Apfelkuchen, 1. Art

Für 14 Stücke zu je 1 BE: *Hefeteig = 12 BE*
200 g Äpfel = 2 BE

Die gefettete Springform mit dem ausgerollten Hefeteig belegen und warm stellen. Die Äpfel halbieren, das Kernhaus entfernen und in feine Schnitze zerlegen. Den etwas aufgegangenen Teigboden mit 5 g Linusit bestreuen und die Apfelschnitze — Breitseite nach oben — darauf verteilen. Nochmals aufgehen lassen, dann in etwa 25 Minuten bei Mittelhitze backen.

(14 BE)

Apfelkuchen, 2. Art

Für 14 Stücke zu je 1 BE: *Mürbeteig = 12 BE*
200 g Äpfel = 2 BE

Mürbeteig zubereiten, kühl stellen, die Äpfel, wie im vorigem Rezept beschrieben, vorbereiten, den ausgerollten Mürbeteig in einer gefetteten Springform auslegen, mit 5 g Linusit bestreuen und die Apfelschnitze mit der Breitseite nach oben auf dem Teigboden verteilen. Bei Mittelhitze backen.

(14 BE)

Apfelkuchen, 3. Art

Für 7 Stücke zu je 2 BE: *Linzer Mürbeteig = 10½ BE*
350 g Äpfel = 3½ BE

Den Mürbeteig zubereiten, kühl stellen. Die Äpfel — möglichst alle von gleicher Größe — halbieren, Kernhaus entfernen und die Apfelhälften fächerförmig so einkerben, daß sie nicht auseinanderfallen.
Den Teig ausrollen, auf dem gefetteten Backblech ausbreiten, mit 5 g Linusit bestreuen, die Apfelhälften mit der flachen Seite auf dem Teigboden gleichmäßig verteilen und bei Mittelhitze backen. Das Durchstechen des Teigbodens mit einer Gabel vor dem Auflegen des Obstes nicht vergessen.

(14 BE)

Apfelkuchen, 4. Art

Für 14 Stücke zu je 1 BE: *Quark-Kuchenboden = 10 BE*
350 g Äpfel = 3½ BE

Zubereitung wie voriges Rezept.

(13½ BE)

Heidelbeerkuchen, 1. Art

Für 8 Stücke zu je 2 BE: *Hefeteig = 12 BE*
400 g Heidelbeeren = 4 BE

Die verlesenen Heidelbeeren waschen und abtropfen lassen. Mit dem ausgerollten Hefeteig ein Backblech belegen, einen kleinen Rand formen, den Teigboden mit 5 g Linusit bestreuen und darauf die Heidelbeeren verteilen. Aufgehen lassen und bei mittlerer Hitze etwa 25 Minuten backen.

(16 BE)

Heidelbeerkuchen 2. Art

Für 8 Stücke zu je 2 BE: *Mürbeteig = 12 BE*
400 g Heidelbeeren = 4 BE

Den ausgerollten Mürbeteig auf dem Backblech ausbreiten, Rand anlegen, den Teigboden mit 5 g Linusit bestreuen, die Heidelbeeren darauf verteilen und bei mittlerer Hitze etwa 25 Minuten backen.

(16 BE)

Johannisbeerkuchen, 1. Art

Für 14 Stücke zu je 1 BE:

750 g Johannisbeeren, rot = 4½ BE

Quark-Kuchenboden = 10 BE

Den Mürbeteig zubereiten und kühl stellen. Die Johannisbeeren waschen, auf einem Sieb abtropfen lassen und entstielen. Eine gefettete Springform mit dem fein ausgerollten Teig belegen, einen kleinen Rand formen, den Teigboden mit 10 g Linusit bestreuen und darauf die Johannisbeeren ohne Zucker verteilen. Den Kuchen bei mittlerer Hitze in etwa 25 Minuten backen.

(14½ BE)

Johannisbeerkuchen, 2. Art

Für 10 Stücke zu je 1½ BE:

Hefeteig = 12 BE
600 g Johannisbeeren, rot = 3½ BE

Die gewaschenen, abgetropften Johannisbeeren entstielen. Den ausgerollten Hefeteig auf der gefetteten Springform verteilen, den Teigboden mit 10 g Linusit bestreuen, darüber die Johannisbeeren geben, keinesfalls gezukkert. Bei mittlerer Hitze in etwa 25 Minuten backen.

(15½ BE)

Mirabellenkuchen, 1. Art

Für 8 Stücke zu je 2 BE: *Mürbeteig = 12 BE*
320 g Mirabellen (mit Stein gewogen) = 4 BE

Den Mürbeteig zubereiten, kühl ruhen lassen. Die gewaschenen, von den Stielen befreiten Mirabellen der Länge nach aufschneiden, ohne sie ganz auseinanderzutrennen, und entsteinen. Eine gefettete Springform mit dem gleichmäßig ausgerollten Mürbeteig belegen, einen Rand formen, Teigboden mehrmals durchstechen und mit 5 g Linusit bestreuen. Die Mirabellen mit der Öffnung nach oben gerichtet darauf verteilen. Bei Mittelhitze etwa 25 Minuten backen.

(16 BE)

Mirabellenkuchen, 2. Art

Für 14 Stücke zu je 1 BE: *Linzer Mürbeteig = 10½ BE*
280 g Mirabellen (mit Stein gewogen) = 3½ BE

Den Linzer Mürbeteig herstellen und kühl ruhen lassen. Weitere Zubereitung wie im vorigen Rezept. Bei sehr saftreichen Mirabellen müssen 10 g statt 5 g Linusit auf den Teigboden gestreut werden.

Zwetschgenkuchen, 1. Art

Für 14 Stücke zu je 1 BE:

Quark-Kuchenboden = 10 BE

360 g Zwetschgen (mit Stein gewogen) = 4 BE

Mürbeteig zubereiten und kühl ruhen lassen. Die gewaschenen, entstielten Zwetschgen (wenn sie sehr frisch sind, genügt Abreiben mit sauberem, trockenem Tuch), der Länge nach aufschneiden, ohne die Hälften voneinander zu trennen, und entsteinen. Wird der Kuchen nicht für Zuckerkranke, sondern für Leber- oder Herzkranke gebacken, so können mehr Zwetschgen genommen werden. Diese werden dann dicht schuppenförmig auf dem mit Linusit bestreuten Teigboden verteilt. Um mit der für Diabetiker berechneten bzw. erlaubten Menge auszukommen, müssen die Zwetschgen weniger dicht aufgelegt werden. Bei Mittelhitze in etwa 25 bis 30 Minuten backen.

(14 BE)

Möchten Sie, bei Verwendung von sauren Früchten, den Kuchen nach dem Backen mit etwas Zucker bestreuen, verwenden Sie dazu 10—15 g Diabetikerzucker, nach Geschmack aromatisiert mit Zimt. Der Kuchen sollte vollständig ausgekühlt sein.
Achtung: bei Ihrer diätetischen Kalkulation 1 BE dazurechnen!

Zwetschgenkuchen, 2. Art

Für 15 Stücke zu je 1 BE: *Hefeteig = 12 BE*
320 g Zwetschgen (mit Stein gewogen) = 3½ BE

Zwetschgen vorbereiten wie im 1. Rezept beschrieben, den Hefeteig ausrollen, in der gefetteten Springform verteilen, mit 10 g Linusit bestreuen und die Zwetschgen gleichmäßig darauf anordnen. Aufgehen lassen und in etwa 25 Minuten backen.

(15½ BE)

Kaffee- und Teekuchen

Bei Verwendung von Backformen aus Jenaer Glas ist die Backzeit etwas länger. Dabei kann eine leichte Bräunung des Teiginnern eintreten, die aber belanglos ist.

Gugelhupf (Napfkuchen) aus Rührteig

Für 20 Stücke zu je 2 BE:

450 g Vollkornmehl
3 Eier
100 g Margarine
120 g Diabetikerzucker
etwa ¾ Tasse Wasser
1 Päckchen Backpulver

Die verquirlten Eigelb mit Zucker, etwas abgeriebener Zitronenschale und Margarine schaumig rühren. Das gesiebte Mehl, mit dem Backpulver vermischt, nach und nach unterziehen. Zwischendurch soviel Flüssigkeit zugeben, daß der Teig schwer reißend vom Löffel fließt. Zuletzt den steifen Eischnee unterheben. Den Teig in eine mit Margarine ausgestrichene und mit Zwiebackbröseln ausgestreute Form einfüllen. Bei 175 °C etwa 1 Stunde backen und noch 5 Minuten im ausgeschalteten Backofen nachziehen lassen.

(40½ BE)

Gugelhupf (Napfkuchen) aus Hefeteig

Für 14 Stücke zu je 1 BE:

200 g Vollkornmehl
40 g Margarine
1 Ei
½ TL Süßstoff
4 EL Milch
10 g Hefe

Alle Zutaten mit den Knethaken des Handrührgerätes zu einem Hefeteig zusammenkneten, in der Wärme aufgehen lassen, erneut durchkneten, zu einer Rolle formen und in eine kleine, mit Margarine ausgestrichene und mit Zwiebackbröseln ausgestreute Form eindrücken. Nochmals gehen lassen, dann bei Mittelhitze ca. 45 Minuten backen.

(13½ BE)

Gugelhupf (Napfkuchen) mit Quark

Für 20 Stücke zu je 1½ BE:

500 g Vollkornmehl
2 Eier
100 g trockener Quark
3 EL Milch
1 TL Süßstoff
abgeriebene Schale von ½ Zitrone
20 g Hefe
50 g Margarine

Einen Hefeteig ansetzen, die Eier, den mit der Milch verrührten Quark, Süßstoff und die nötige Flüssigkeit hinzufügen, zuletzt den Teig kneten, zu einer Rolle formen und in eine mit Margarine bestrichene und mit Zwiebackbröseln bestäubte Form eindrücken. Aufgehen lassen, in den Backofen stellen und 50—55 Minuten bei 190°C backen.

(33 BE)

Teestollen mit Mandeln

Für 14 Stücke zu je 1½ BE:

240 g Vollkornmehl
80 g Margarine
2 Eier, getrennt
70 g Diabetikerzucker
3 EL Wasser
½ Päckchen Backpulver
40 g gehackte Mandeln
abgeriebene Zitronenschale

Zubereitung wie Gugelhupf aus Rührteig (s. S. 132). Die Mandeln mit dem Eischnee am Schluß unterheben. Ca. 35 Minuten bei Mittelhitze backen. Sie können diesen Kuchen auch mit 1 TL Süßstoff statt des Zuckers zubereiten — er hat dann 6 BE weniger. Es ist dabei aber wichtig, eine sehr schaumige Masse und sehr lockeren Eischnee zu schlagen, da sonst die Konsistenz fester wird.

(22½ BE)

Gugelhupf (Napfkuchen) mit Nußfülle

Für 14 Stücke zu je 1 BE:

Hefeteig nach Rezept Seite 124

Nußfülle:
40 g Haselnußmus
¼ TL Süßstoff
18 g geriebener Weizenvollkornzwieback, ungesüßt
½ TL stark entfettetes Kakaopulver
3 EL Milch

Den Hefeteig zu einem Kloß geformt in der Wärme aufgehen lassen. Inzwischen das Nußmus mit dem geriebenen Zwieback und den übrigen Zutaten zu einer streichfähigen Paste anrühren, die einige Minuten quellen muß. Notfalls noch etwas Milch darunterrühren. Den aufgegangenen Hefeteig auf dem Backbrett zu einer länglichen Teigplatte ausrollen, deren Mitte mit der Nußfülle bestreichen, an beiden Enden etwas Teig freilassen zum Übereinanderschlagen. Die Teigseiten überschlagen, so daß die Fülle in einer Rolle liegt; diese Rolle in eine vorbereitete Kuchenform einlegen. Noch einmal aufgehen lassen und im Ofen bei ca. 190°C 50—55 Minuten backen.

(13½ BE)

Gewürzkuchen (Stollen)

Für 14 Stücke zu je 1 BE:

190 g Vollkornmehl
5 g Hefe
1 Ei
20 g Margarine
30 g gemahlene Haselnußkerne
1 Msp Ingwerpulver
½ TL Zimt
1 Msp Nelkenpulver
½ TL Süßstoff
etwa 4 EL Wasser

Einen Hefeteig zubereiten wie auf Seite 124 beschrieben, die Gewürze gut unterkneten, den Teig zu einer Rolle formen und in eine gut mit Margarine ausgestrichene Kastenform (25 cm) drücken. Aufgehen lassen und bei mittlerer Hitze (175 °C—200 °C) backen. Hält sich lange frisch!

(12 BE)

Einfache Torten

Streusel-Torte (Hirsestreusel)

Für 15 Stücke zu je 1½ BE:

Hefeteig (s. S. 124) = 12 BE

Streusel (= 9 BE):
60 g Hirseflocken
½ TL Zimt
50 g Margarine
60 g Diabetikerzucker

Hirseflocken ergeben besonders duftige, rösche Streusel.
Zuerst den Hefeteig zubereiten und gehen lassen. Für die Streusel Zucker und Zimt mischen, die Hirseflocken

dazugeben, die zerlassene Margarine langsam über die Masse träufeln und dabei mit einem Löffel vorsichtig mischen, so daß sich kleine Klümpchen bilden. Den Hefeteig auf dem gefetteten Boden einer Springform ausbreiten, ohne einen Rand zu formen. Dünn mit Öl oder 3 g zerlassener Margarine bestreichen, darauf die Hirsestreusel gleichmäßig verteilen und den Teig nochmals aufgehen lassen. Bei Mittelhitze zu goldbrauner Farbe abbacken.

(21 BE)

Zwiebacktorte

Für 8 Stücke zu je 1 BE:

70 g Weizenvollkornzwieback, ungesüßt
40 g gemahlene Haselnußkerne
3 Eier, getrennt
50 g Diabetikerzucker
1 EL Rum
2 EL Sanddorn-Vollfrucht, ungesüßt
¼ TL Süßstoff

Eigelb und Zucker verquirlen, die Zwiebackbrösel daruntermischen, den Rum hinzufügen und zuletzt das fest geschlagene Eiweiß unterheben. Die Masse in eine gefettete, mit Zwiebackbröseln ausgestreute Springform füllen. Allerdings soll der Rand nicht mit Fett bestrichen werden. Bei Mittelhitze goldbraun backen, aus der Form lösen und auf ein Gitter geben. 2 EL ungesüßten Sanddornsaft mit ¼ TL Süßstoff und 3 EL Wasser verrühren und die Torte damit beträufeln.

(8½ BE)

Orangentorte

Für 14 Stücke zu je 1 BE:

Mürbeteig (s. S. 124) =
12 BE

Belag (2½ BE):
260 g in Schnitze zerlegte
Orangen
5 g Linusit

Für den Guß:
4 g Agar-Agar
4 EL Wasser
¼ TL Süßstoff
2 EL Sanddornsaft, ungesüßt

Den Mürbeteig zubereiten und in einer gut gefetteten Springform zu heller Farbe backen. Den Teigboden vor dem Backen mit einer Gabel mehrmals durchstechen! Sobald der Kuchenboden ausgekühlt ist, mit Linusit bestreuen und die Orangen hübsch darauf verteilen. Für den Guß Wasser und Fruchtsaft mit Agar-Agar verrühren, auf 50 °C erwärmen, dann etwas abkühlen lassen. Schnell vor dem Erstarren das Obst damit beträufeln. Die Torte ist bis zum Genuß möglichst kühl zu halten.

(14½ BE)

Käsetorte

Für 14 Stücke zu je 1 BE:

Mürbeteig (s. S. 124) =
12 BE

Belag (= 2½ BE):
150 g möglichst trockener
Quark
125 g Doppelrahmfrischkäse
2 Eier, getrennt
15 g Vanillepuddingpulver
150 g säuerliche Äpfel, in
Schnitze geteilt
½ TL Süßstoff

Den Mürbeteig zubereiten und kühl stellen. Quark, Frischkäse und die verquirlten Eigelb sahnig rühren, wenn nötig, je nach Eigröße und Beschaffenheit des Quarks, 2 EL Milch dazugeben, das Puddingpulver und den Süßstoff einmischen, zuletzt den steifen Eischnee unterheben. Eine gefettete Springform mit dem Teig auslegen, darauf die geschälten Apfelschnitze gleichmäßig verteilen, mit der Quarkcreme bedecken und bei Mittelhitze (ca. 180 °C) goldbraun backen. Danach auf ein Drahtgitter stürzen, abkühlen lassen und dann wieder umgedreht auf eine Kuchenplatte legen; die Oberseite trägt jetzt das Ringmuster des Kuchengitters.

(14½ BE)

Kleingebäck

Kokosmakronen

Für 20 Stück, zusammen 2 BE:

100 g Kokosraspeln
1 TL Süßstoff
3 Eischnee
Zimt nach Geschmack
ca. 20 Oblaten

Den steifen Eischnee mit den Kokosraspeln, dem Süßstoff und Zimt mischen, aus der festen Masse mit zwei Teelöffeln Makronen formen, auf Oblaten setzen und diese auf einem Backblech im schwach geheizten Ofen (150 °C) mehr trocknen als backen. Backdauer ca. 25 Minuten. Die abgekühlten Makrönchen von den Oblaten reißen oder diese beschneiden bzw. abbrechen.

(2 BE)

Quarkwaffeln

Für 12 Stück zu je 1 BE:

180 g Vollkornmehl
5 Hefe
1 Ei
70 g Quark
25 g Margarine
½ TL Süßstoff
etwa ⅜ l Wasser

Alle Zutaten mit einem Handrührgerät zu einem Hefeteig zusammenrühren. Der Teig muß dünnflüssig sein, etwa wie Pfannkuchenteig. Die Schüssel an einem warmen Ort aufstellen — der Teig benötigt etwa 1 Stunde zum Gehen. Dann das Waffeleisen gut vorheizen, dünn mit Öl bepinseln und so viel des blasenschlagenden Teiges hineingeben, daß alle Ausbuchtungen knapp ausgefüllt sind. Die Waffeln werden zu goldbrauner Farbe knusprig ausgebacken, auf eine heiße Platte gelegt und mit wenig Diabetikerzucker bestreut. Auch fettempfindliche Esser vertragen Waffeln ausgezeichnet; man gibt sie gerne statt Pfannkuchen.

(12 BE)

Kartoffelteig-Pastetchen

(Sparteig für streng fettarme Kost)

Für 10 Pastetchen zu je 1 BE:

150 g Kartoffelknödelmehl
(z. B. Pfanni)
¼ l Wasser
1 Ei
½ TL Süßstoff
abgeriebene Schale von
½ Zitrone
3 g Fett für die Form
½ Eigelb zum Bestreichen

Den Süßstoff in $^1/_4$ l Wasser verrühren, die abgeriebene Zitronenschale zugeben, das Knödelmehl einrühren, das verquirlte Ei darunterkneten und den Teigkloß mindestens 20 Minuten kühl ruhen lassen. Auf der bemehlten Arbeitsplatte ohne starkes Drücken etwa streichholzdick ausrollen, mit einem Glas oder gezacktem Keksausstecher 10 runde Plätzchen ausstechen (Ø etwa 5 cm). Restlichen Teig in etwa gut 1 cm breite Streifen schneiden und als Rand auf die mit Milch oder Eigelb befeuchteten Plätzchen aufsetzen. Den Boden der Pastetchen mit einer Gabel mehrmals durchstechen. Die aufgesetzten Pastetchenränder mit Eigelb (mit etwas Milch verdünnt) bestreichen und bei Mittelhitze goldgelb backen.
Die abgekühlten Pastetchen können auf die verschiedenste Weise gefüllt werden:

a) mit Sanddorn-Quarkcreme (s. S. 149) ..... 0 BE
b) mit Vanillecreme (s. S. 150) .... 1 BE
c) mit Schokoladencreme (s. S. 151) .... 1½ BE
d) mit Sanddorn-Quarkcreme und frischem Obst (Beeren, Orangenwürfel) im Wert von .... 1 BE

Man kann auch nur Plätzchen ausstechen, mit Eigelb bestreichen und goldgelb backen. Dieses Gebäck hält sich einige Tage frisch.

Süße Gerichte, warm

Getreidebreie und -suppe

Sprießkorn-Haferbrei

4 BE:

60 g Sprießkornhafer, frisch geschrotet
½ l Wasser
¼ l Milch
weinig Süßstoff
etwas abgeriebene Zitronenschale

Den geschroteten Hafer mit kaltem Wasser aufsetzen und unter Rühren kochen, bis er schön sämig geworden ist. Dann mit der Milch auffüllen, aber nicht mehr kochen lassen. Mit Süßstoff und Zitronenschale würzen. Statt Hafer können auch andere Getreidearten, z. B. geschroteter Weizen (45 g = 1 BE) oder Hirse (45 g = 1 BE) verwendet werden. Hirse braucht nach fünfminütiger Kochzeit 30 Minuten zum Ausquellen.

Sprießkorn-Haferbrei mit Obst

4½ BE:

40 g Sprießkornhafer, frisch geschrotet
⅜ l Wasser
⅛ l Milch
abgeriebene Zitronenschale
100 g Apfel (oder anderes Obst, entsprechend 1 BE)

Zubereitung wie im vorhergehenden Rezept. Am Schluß den geraffelten Apfel (oder anderes kleingeschnittenes Obst) unterheben.

Sprießkorn-Haferbrei mit Fruchtsaft

4 BE:

60 g Sprießkornhafer, frisch geschrotet

½ l Wasser
1/10 l Apfelsaft, ungesüßt

Den Haferschrot mit dem kalten Wasser aufsetzen, unter Rühren kochen, bis er schön sämig geworden ist, von der Kochstelle ziehen und mit Fruchtsaft verfeinern. Nach Belieben noch 1 TL Zitronensaft und etwas Süßstoff unterrühren.

Reissuppe

3 BE:

30 g Naturreis
¼ l Milch

⅛ l Wasser
wenig Süßstoff
1 Stück Vanilleschote
1 EL Sanddornsaft

Den gewaschenen Reis mit dem kalten Wasser aufsetzen, zum Kochen bringen, bei gedrosselter Wärmezufuhr körnig ausquellen lassen und, wenn der Reis annähernd gar ist, die Milch zugeben. Ein kleines Stück Vanilleschote mitziehen lassen, kurz vor dem Essen den Süßstoff einrühren. Den Sanddornsaft erst bei Tisch einrühren, wenn die Suppe bereits etwas abgekühlt ist, um ein Gerinnen zu verhüten. Die Vanilleschote vor dem Servieren herausnehmen.

Nudelauflauf mit Äpfeln

4 BE:

45 g Vollkornnudeln
100 g Apfel
1 Ei
3 EL Milch
evtl. Süßstoff
3 g Margarine

Die Nudeln in reichlich kochendem Salzwasser garen, abschütten, kurz kalt überspülen und abtropfen lassen. Den Apfel schälen, vom Kernhaus befreien und in kleine Stücke schneiden. Eine kleine feuerfeste Form mit der Margarine fetten, den Boden mit einer Lage Nudeln bedecken, die vorbereiteten Apfelstücke darauf verteilen, mit den restlichen Nudeln abschließen. Das Eigelb mit ein wenig Süßstoff verrühren, mit der Milch verdünnen, das Eiweiß zu steifem Schnee schlagen, unter die Eiermilch ziehen und damit den Nudelauflauf begießen. Bei Mittelhitze ca. 35 Minuten im Backofen goldgelb überbacken.

Quarkauflauf mit Obst

Für 4 Portionen zu je 2 BE:

500 g Quark
45 g Vollweizengrieß
½ TL Backpulver
50 g Margarine
1 TL Süßstoff
4 Eier, getrennt
Schale von ½ Zitrone
50 g Haselnüsse, gehackt
400 g Äpfel (oder anderes Obst, entsprechend 4 BE)

Eigelb und Margarine mit Süßstoff schaumig rühren. Quark, mit Backpulver vermischten Grieß, Zitronenschale, Nüsse, und am Schluß den schnittfest geschlagenen Eischnee unterheben. Vorbereitete, in Spalten geschnittene Äpfel (oder anderes vorbereitetes Obst) unterziehen, in gefettete Auflaufform füllen und bei Mittelhitze ca. 1 Stunde backen.

(7½ BE)

Reisauflauf mit Äpfeln

Für 4 Portionen zu je 1½ BE:

60 g Naturreis
⅛ l Milch
⅛ l Wasser
150 g Apfelstückchen
etwas abgeriebene Zitronenschale
1 Ei, getrennt
½ TL Süßstoff
3 g Margarine

Den gewaschenen Reis mit der Milch und dem Wasser kalt aufsetzen, nach dem Aufkochen Wärmezufuhr so weit drosseln, daß der Reis nicht mehr kocht, sondern nur leise simmert. Ehe die Flüssigkeit völlig aufgesogen ist, von der Kochstelle ziehen und abkühlen lassen. Die vorbereiteten Apfelstückchen mit Süßstoff und Eigelb verrühren, unter den Reis mischen, mit etwas Zitronenschale würzen und zuletzt den steifen Eischnee unterziehen. In eine kleine, gefettete feuerfeste Form füllen und im Ofen bei Mittelhitze überbacken.

(6 BE)

Zwiebackpudding

Für 2 Portionen zu je 2 BE:

45 g Weizenvollkorn-zwieback, ungesüßt
1/8 l Milch
1 Ei, getrennt
50 g Apfelstückchen
ca. 1/2 TL Süßstoff
3 g Margarine

Den in kleine Stücke gebrochenen Zwieback in einer Schüssel mit der etwas erwärmten Milch anfeuchten. Wenn er sich vollgesogen hat, das Eigelb mit dem Süßstoff darunterrühren und mit den Apfelstückchen vermischen; zuletzt den steifen Eischnee unterziehen. In eine kleine feuerfeste, mit Margarine ausgestrichene Schüssel geben und bei Mittelhitze goldbraun überbacken.

(4 BE)

Süße Gerichte, kalt

Frischgetreidebrei

Hafer-Frischkornbrei

2 BE:

20 g Hafer, frisch geschrotet
1 kleiner Apfel
1 EL Sanddornsaft, ungesüßt
1 EL Quark
3 EL Milch
einige Spritzer Süßstoff

Haferschrot (2 EL) mit 6 EL Wasser verrührt 1—2 Stunden quellen lassen, dann mit 1 EL Sanddornsaft und dem Quark gut vermischen. Den ungeschälten Apfel mitsamt dem Kernhaus in den Brei raffeln, der mit Milch etwas verdünnt und mit Süßstoff abgeschmeckt wurde.
Statt Hafer kann auch anderes Getreide (z. B. Weizen, 6-Korn-Mischung) genommen werden. Zu beachten: Hafer mittelfein schroten und, wie oben gesagt, nur kurz (1—2 Stunden) einweichen, da er bei längerem Stehen bitter wird. Andere Getreidearten grob schroten und über Nacht mit Wasser quellen lassen; dazu in den Kühlschrank stellen.

Flockenfrühstück, Grundrezept

3 BE:

30 g (4 EL) Kollath-Flocken (Weizenflocken) oder 40 g Haferflocken
1 kleiner Apfel (100 g)
4 EL Milch oder Buttermilch
1 EL Sanddorn-Vollfrucht
wenig Süßstoff

Wer eine knusprige Speise liebt, bereitet das Flockenfrühstück ohne Vorweichen der Flocken. Ansonsten sollte man sie mit 4 EL Wasser etwas vorquellen lassen. In die mit Wasser angefeuchteten Flocken 1 EL Sanddorn einrühren, den ungeschälten Apfel grob hineinraffeln, mit Süßstoff süßen und mit der Milch sämig machen.
Dieses nahrhafte Gericht eignet sich vor allem dann, wenn starke Fetteinschränkung ärztlich verordnet wurde.
Im Lauf des Jahres kann statt des Apfels jeweils der Gegenwert von 1 BE einer anderen erlaubten Obstart genommen werden, z.B. Beeren, Orangen, Mandarinen, Grapefruits usw.

Obst- und Milchspeisen

Obstquark

Für 4 Portionen zu je ½ BE:

300 g Quark
⅛ l Milch
wenig Tropfen Süßstoff
Zitronenschale oder Zimt
200—300 g Obst, entsprechend 2 BE (z.B. 300 g Erdbeeren, 200 g geraffelte Äpfel, 200 g Aprikosen)

Quark mit Milch, Süßstoff und dem Gewürz aufschlagen, das vorbereitete Obst unterheben.
(2½ BE)

Muß nicht auf Kalorien geachtet werden, kann die Milch durch Sahne ersetzt werden. Soll es schnell gehen, den Quark mit 1 BE Fruchtsaft verrühren und mit Zitronensaft, Zimt und evtl. Süßstoff abschmecken.

Früchte-Joghurt

Für 4 Portionen zu je ½ BE:

300 g Joghurt
einige Tropfen Süßstoff
Zitronenschale oder Zimt
200—300 g Obst, entsprechend 2 BE (z. B. 300 g Erdbeeren, 200 g geraffelte Äpfel, 200 g Aprikosen)

Joghurt mit Süßstoff und Gewürz aufschlagen, die vorbereiteten Früchte unterrühren.

(2 BE)

Sanddorn-Quarkcreme

(keine belastenden Kohlenhydrate)

100 g Schichtkäse (20 %)
3 EL Milch oder Buttermilch
1 EL Sanddorn-Vollfrucht, ungesüßt
wenig Süßstoff

Alle Zutaten mit dem Schneebesen oder dem Elektroquirl duftig verrühren und kühl stellen.

Sanddorncreme

Für 2 Portionen zu je 1 BE:

¼ l Milch
10 g (4 gestrichene TL) Vanillepudding für Diabetiker
1 EL Sanddorn-Vollfrucht, ungesüßt
1 Ei, getrennt
etwas Süßstoff

Vanillepudding mit 2 EL kalter Milch und einigen Spritzern Süßstoff anrühren und quellen lassen. Inzwischen die restliche Milch zum Kochen bringen, von der Herdplatte ziehen, das Puddingpulver einrühren, nochmals aufkochen, unter Rühren etwas abkühlen lassen und das Eigelb samt Fruchtsaft gut einrühren. Das steifgeschlagene Eiweiß darunterziehen, die Creme in Schälchen füllen und kalt stellen oder als Füllung für Kartoffelteig-Pastetchen (s. S. 140) verwenden.

Vanillecreme

Für 2 Portionen zu je 1 BE:

¼ l Milch
10 g (4 gestrichene TL) Vanillepudding für Diabetiker
einige Spritzer Süßstoff
1 Ei, getrennt

Das Puddingpulver mit 2 EL kalter Milch und Süßstoff anrühren und quellen lassen. Die restliche Milch zum Kochen bringen, von der Herdplatte ziehen, das angerührte Puddingpulver einrühren, nochmals aufkochen und unter Rühren etwas abkühlen lassen; dann das verquirlte

Eigelb daruntermischen. Bevor die Masse erstarrt, den steifen Eischnee unterziehen. In Schälchen verteilt kühl stellen oder als Füllung für Kartoffelteigpastetchen (s. S. 140) verwenden.

Schokoladencreme

Für 2 Portionen zu je 1 BE:

¼ l Milch

10 g (4 gestrichene TL) Schokoladenpudding für Diabetiker)
1—2 Spritzer Süßstoff

Zubereitung wie Vanillecreme.

Hirse-Quark-Pudding

Für 4 Portionen zu je 1 BE:

45 g Hirseflocken
¼ l Milch

125 g Quark
2 EL Sanddorn-Vollfrucht
½ TL Süßstoff
5 g Gelatine (weiß)

Die Gelatine (2 Eierlöffelchen voll) mit 2 EL kaltem Wasser anrühren. Den Quark mit Süßstoff und Sanddorn gut verquirlen. Die Hirseflocken mit der kalten Milch aufsetzen und unter Rühren zum Kochen bringen, einmal aufwallen lassen, vom Feuer ziehen und, sobald sie etwas abgekühlt sind, mit dem Quark verrühren. Die Gelatinelösung unter Rühren erwärmen, bis sich alles gelöst hat und lauwarm an die Hirse-Quark-Mischung geben. Kühl stellen.

(4 BE)

Quarksülze

Für 2 Portionen zu je ¼ BE:

125 g Quark
⅛ l Milch
etwas abgeriebene Zitronenschale
½ TL Süßstoff
5 g Gelatine (weiß)
2 EL Wasser

Quark und Milch mit dem Schneebesen schaumig schlagen, Süßstoff und abgeriebene Zitronenschale dazugeben. Die in 2 EL Wasser vorgequollene Gelatine durch Erwärmen verflüssigen und unter die Quarkmischung rühren. In 2 Schälchen füllen, kühl stellen.

(½ BE)

Sanddorn-Quark-Sülze

Für 2 Portionen zu je ¼ BE:

125 g Quark
⅛ l Milch
2 EL Sanddorn-Vollfrucht, ungesüßt
Süßstoff
5 g Gelatine (weiß)

Zubereitung wie vorhergehendes Rezept, jedoch statt der Zitronenschale den Fruchtsaft einrühren.

(½ BE)

Reispudding mit Früchten

Für 4 Portionen zu je 1 BE:

30 g Naturreis
$^1/_4$ l Milch
$^1/_{10}$ l Milch
1 EL Sanddorn-Vollfrucht
wenig Süßstoff
4 g (1 Eierlöffel) Agar-Agar

Für den Belag:
frisches Obst, entsprechend 1 BE (z. B. 130 g Orangenschnitze, 170 g Himbeeren usw.)

Den Reis mit der kalten Milch aufsetzen, einmal aufkochen, bei gedrosselter Wärmezufuhr ausquellen lassen. $^1/_{10}$ l Wasser mit dem Sanddornsaft und etwas Süßstoff auf 40 °C erwärmen, Agar-Agar einrühren, nicht weiter erhitzen, unter Quirlen etwas abkühlen lassen, dann mit dem inzwischen abgekühlten Reis vermischen, in kalt ausgespülte Schälchen verteilen und garnieren.

(4 BE)

Heidelbeer-Kaltschale

Für 2 Portionen zu je 1 BE:

100 g gewaschene, verlesene Heidelbeeren
evtl. Süßstoff
$^1/_4$ l Milch

Die abgetropften Heidelbeeren in zwei Schälchen verteilen, mit der Milch übergießen und eventuell mit Süßstoff abschmecken.

(2 BE)

Rote Grütze

Für 4 Portionen zu je ½ BE:

250 g gemischte Beeren, entsprechend 2 BE (z. B. 150 g Himbeeren und 100 g Johannisbeeren)
⅛ l Wasser
Zitronenschale
2 gestrichene TL Agar-Agar
½ TL Süßstoff

Die gewaschenen Beeren pürieren, mit Wasser und Zitronenschale in einen Topf füllen, Agar-Agar mit etwas Wasser unter den Früchtebrei mischen, mit Süßstoff abschmecken, langsam erhitzen, bis die Mischung dampft (bei ca. 60 °C). Den Topf vom Herd nehmen, zugedeckt 5 Minuten ziehen lassen. In ausgespülte Förmchen füllen, für 2 Stunden kalt stellen, stürzen.

(2 BE)

Dazu kann Vanillemilch (¼ l Milch, aromatisiert mit Bourbon-Vanille; ¼ BE pro Person) oder, wenn nicht auf Kalorien geachtet werden muß, Sahne gereicht werden.

Rote Hirsegrütze mit Vanilleguß

Für 6 Portionen zu je 1 BE:

²⁄₁₀ l roter Johannisbeersaft
¹⁄₁₀ l Wasser
½ TL Süßstoff
45 g Hirseflocken
5 g Gelatine (weiß)

Für den Guß:

5 g (= 2 gestrichene TL) Vanillepudding
½ l Milch
etwas Süßstoff

Saft, Wasser, Süßstoff und die Hirseflocken kalt aufsetzen, unter Rühren aufkochen und vom Feuer ziehen. Die Gelatine (2 Eierlöffel voll) mit 2 EL kaltem Wasser anrühren, etwas quellen lassen, erwärmen, bis sich alles gelöst hat und unter den etwas abgekühlten Hirsebrei rühren. Mit Süßstoff abschmecken. In Schälchen verteilen und erst nach dem Abkühlen den Vanilleguß daraufgeben.

(6 BE)

Obstsalat

Für 2 Portionen zu je 1 BE:

150 g Mandarinen (ohne Schale gewogen)
1 kleiner Apfel (100 g)
1 EL Sanddorn-Vollfrucht
wenig Süßstoff

Die Mandarinen in kleine Würfel zerlegen, den vom Kernhaus befreiten Apfel in kleine Stücke schneiden, sogleich mit den Mandarinen und dem Sanddornsaft vermischen, der mit 2 EL Wasser verlängert wurde. Mit Süßstoff abschmecken.

(2 BE)

Um eine sättigende Mahlzeit daraus zu machen, kann man dazu Sanddorn-Quarkcreme (s. S. 149) oder Quarksülze (s. S. 152) reichen.

Statt Mandarinen und Äpfeln können auch 2 BE anderes Obst verwendet werden.

Apfelkompott

Für 3 Portionen zu je 1 BE:

300 g geschälte, in Stücke geschnitten Äpfel (Kernhaus entfernt) mit ganz wenig Wasser, dem etwas Zitronensaft beigefügt wurde, kochen. Mit Süßstoff und Zimt abschmecken.

(3 BE)

Birnenkompott

Für 2 Portionen zu je 1 BE:

200 g geschälte, vom Kernhaus befreite, jedoch nicht überreife (!) Birnen in Schnitze zerlegen und sofort in leicht gesäuertes Wasser legen. Mit wenig Wasser sowie 1 Stückchen Stangenzimt kochen, bis sie weich geworden sind. Sie sollen aber nicht zerfallen! Die Kochdauer ist je nach Birnensorte verschieden. Die Zimtstange herausnehmen, das Kompott mit Süßstoff abschmecken, in Glasschalen anrichten und gekühlt servieren.

(2 BE)

Kirschenkompott

Für 5 Portionen zu je 1 BE:

Diabetiker sollten vorwiegend Sauerkirschen verwenden!
550 g verlesene, vom Stiel befreite Kirschen waschen, abtropfen lassen, mit ganz wenig Wasser zum Kochen bringen. Vorsichtig umrühren und kochen, bis die Kirschen Saft abgeben. Mit Süßstoff abschmecken.

(5 BE)

Fruchteis

Für 4 Portionen zu je ½ BE:

Rohe, weiche Früchte, entsprechend 2 BE (z. B. 300 g Erdbeeren oder Himbeeren)
Zitronensaft
Süßstoff nach Geschmack
knapp ⅛ l Milch, evtl. zum Teil als Sahne
1 Eiweiß
1 Blatt Gelatine, in 2 EL Wasser gelöst

Die vorbereiteten Früchte pürieren, mit Süßstoff und Zitronensaft abschmecken, Milch und eventuell Sahne sowie das leicht gesalzene Eiweiß zufügen. Die gelöste, lauwarme Gelatine daruntermischen. Die Masse ca. 3 Stunden gefrieren lassen. Währenddessen mindestens einmal umrühren.

(2½ BE)

Mix-Getränke (alkoholfrei)

Die folgenden Mixgetränke eignen sich sowohl als Zwischenmahlzeiten wie als Ergänzung einer Hauptmahlzeit. Auf der Grundlage von Milch und Fruchtsäften oder Früchten aufgebaut, verbessern sie die für den Diabetiker so wichtige Versorgung mit hochwertigem Milcheiweiß und füllen den Vitaminhaushalt auf. Überdies regulieren die mit Buttermilch, Joghurt oder Bioghurt hergestellten Getränke die Darmfunktion. Bei Neigung zu Verstopfung ist Buttermilch und Bioghurt zu bevorzugen. Eine kleine Zugabe von Leinsamenschrot verbessert noch die darmregulierende Wirkung. Auch die natürlichen Fruchtsäuren wirken in diesem Sinne milde anregend. Wer zu Übergewicht neigt, sollte Buttermilchgetränke bevorzugen, da Milch, Joghurt und Bioghurt viel mehr Fett enthalten. Dagegen sind Zubereitungen von Mager-Joghurt und Mager-Bioghurt günstig.

Zubereitung der Mix-Getränke

Die einzelnen Zutaten werden gut verrührt oder, wenn ein kleiner Schüttelbecher vorhanden ist, darin geschüttelt. Dies kann auch in einer Flasche geschehen. Besonders sahnig werden die im Elektromixer oder mit einem

Mixstab hergestellten Getränke. Auch mit einem sogenannten Tassenschneebesen läßt sich diese Wirkung erzielen.

Apfel-Buttermilch

1½ BE:

³⁄₁₀ l Buttermilch

¹⁄₂₀ l Apfelsaft
1 Spritzer Süßstoff
1 EL (5 g) Leinsamenschrot

Cerola-Buttermilch

1 BE:

¹⁄₁₀ l Buttermilch
60 g (5 EL) Cerola-Fruchtsaft

Heidelbeer-Buttermilch

½ BE:

¹⁄₁₀ l Buttermilch
1 EL Heidelbeer-Vollfrucht

Sanddorn-Buttermilch

½ BE:

¹⁄₁₀ l Buttermilch
1 EL Sanddorn-Vollfrucht, ungesüßt
etwas Süßstoff
5 g (1 EL) Leinsamenschrot

Tomaten-Buttermilch

½ BE:	*1/10 l Buttermilch* *1 TL Tomatenmark* *etwas Süßstoff*

Quark-Früchte-Becher

1 BE:	*je 40 g Himbeeren und rote Johannisbeeren*
1/10 l Buttermilch *25 g (1 EL Quark)*	*1 Spritzer Süßstoff*

Die Beeren müssen püriert werden.

Quark-Tomaten-Becher

½ BE:	*25 g (1 EL) Quark* *1 TL Tomatenmark*
1/10 l Buttermilch	*etwas Süßstoff*

Cerola-Joghurt

1½ BE:	*1 Becher Joghurt* *3 EL Cerola-Fruchtsaft* *wenig Süßstoff*

Erdbeer-Joghurt

1½ BE: *75 g pürierte Erdbeeren*
1 Becher Joghurt
etwas Süßstoff

Heidelbeer-Joghurt

1 BE: *1 Becher Joghurt*
1 EL Heidelbeer-Vollfrucht
Süßstoff nach Geschmack

Sanddorn-Joghurt

1 BE: *1 EL Sanddorn-Vollfrucht, ungesüßt*
1 Becher Joghurt
etwas Süßstoff

Die obengenannten Rezepte können statt mit Joghurt genauso mit Bioghurt zubereitet werden, die Berechnung ist die gleiche. Joghurt und Bioghurt unterscheiden sich nur durch die darin enthaltenen Milchsäurebakterien.

Zitronen-Milch

½ BE: *⅛ l Milch*
1 EL Zitronensaft
Süßstoff nach Geschmack

Den Zitronensaft tropfenweise in die Milch einrühren, die dabei feinflockig gerinnt und dadurch besonders bekömmlich ist.

Mokka-Milch

½ BE:

⅛ l heiße Milch
1 TL Pulverkaffee
Süßstoff nach Belieben

Alles schaumig quirlen!

Mokka-Eier-Milch

½ BE:

1 Ei
1 TL Pulverkaffee
⅛ l warme Milch
Süßstoff nach Belieben

Alles schaumig schlagen.

Konfitüren

Konfitüren gibt es für den Diabetiker in mannigfacher Auswahl zu kaufen. Falls Sie aber selbst eine Konfitüre herstellen möchten — sei es, weil Sie eine Erdbeerschwemme nutzen oder einfach nur eine neue Erfahrung machen wollen —, gibt es mehrere Möglichkeiten der Zubereitung:

1. mit Diabetikerzucker und Geliermittel oder Gelier-Diabetikerzucker — Frucht/Zuckerverhältnis 1 : 1,
2. mit zuckersparendem Gelier-Diabetikerzucker — Frucht/Zuckerverhältnis 3 : 1,
3. mit Süßstoff und Agar-Agar,
4. roh gerührt mit Bindemittel.

Konfitüren mit Süßstoff und Agar-Agar sowie roh gerührte Konfitüren sollten nur in kleinen Mengen (Rezeptangaben nicht erhöhen!) zubereitet und in Minigläser abgefüllt werden. Man sollte sie im Kühlschrank aufbewahren und bald verzehren.

Die vier genannten Zubereitungsarten werden im folgenden mit je einem Rezept beschrieben. Sie können aber statt der hier angegebenen Früchte auch andere verwenden, z. B. Beerenobst nach Belieben, Aprikosen, Zwetschgen usw. Die Rezepte eignen sich auch gut für Mehrfruchtmarmeladen, je nach Saison und persönlichem Geschmack.

1. Art: Erdbeerkonfitüre 1 : 1

1 kg Erdbeeren
1 kg Gelier-Diabetiker-zucker
5 g Zitronensäure

Die vorbereiteten Früchte pürieren, mit der Hälfte des Zuckers und der Zitronensäure unter Rühren aufkochen, den restlichen Zucker zufügen, 1 Minute sprudelnd kochen lassen. Sofort in bereitstehende (kochend heiß ausgespülte und abgetropfte) Twist-off-Gläser randvoll füllen, verschließen und umdrehen.

(20 g ≙ 1 BE)

Ebenso kann Gelee bereitet werden, wobei statt der Früchte deren Saft verwendet wird.

2. Art: Erdbeerkonfitüre 3 : 1

1,4 kg Erdbeeren
500 g Diät-Gelier-Frucht-zucker 3 : 1
5 g Zitronensäure

Zubereitung wie 1. Art.

(35 g ≙ 1 BE)

3. Art: Pfirsichkonfitüre mit Agar-Agar und Süßstoff

500 g Pfirsiche (4 BE)
ca. 3 TL Süßstoff (abhängig von der Süße der Früchte und dem persönlichem Geschmack)
4 g (1 gehäufter TL) Agar-Agar
1 EL Zitronensaft

Die vorbereiteten Früchte pürieren und mit ¼ l Wasser und dem Süßstoff aufkochen. 4 Minuten leise köcheln lassen, Agar-Agar zufügen und weitere 4 Minuten kochen. Den Zitronensaft zugeben und alles in vorbereitete Gläser füllen.
(1 Portion von 20 g braucht nicht angerechnet zu werden).

4. Art: Himbeerkonfitüre, roh gerührt

250 g Himbeeren
5 g pflanzliches Bindemittel (z. B. Biobin oder Nestargel)

Die vorbereiteten Früchte ganz fein pürieren und das Bindemittel gut damit verrühren.
Eventuell einen Spritzer Süßstoff zugeben, falls die Früchte zu säuerlich sind.
Im Kühlschrank 3—4 Wochen haltbar.
(1 Portion von 20 g braucht nicht angerechnet zu werden).

Alphabetisches Register

Register nach Sachgruppen

FISCH

GEMÜSE ALLER ART

HERBST- UND WINTERGEMÜSE ALS HAUPTMAHLZEIT

BEILAGEN

HÜLSENFRÜCHTE

SÜSSE GERICHTE, KALT

MIX-GETRÄNKE ALKOHOLFREI

KONFITÜREN